科学——跑步

罗炜樑　著

跑步损伤的预防与
康复指南

清华大学出版社
北京

图书在版编目（CIP）数据

科学跑步：跑步损伤的预防与康复指南 / 罗炜樑著.—北京：清华大学出版社，2019（2025.2重印）
ISBN 978-7-302-52389-5

Ⅰ.①科…　Ⅱ.①罗…　Ⅲ.①跑—运动性疾病—损伤—防治—指南　Ⅳ.①G804.53-62

中国版本图书馆 CIP 数据核字（2019）第 038168 号

责任编辑：刘　洋　顾　强
封面设计：汉风唐韵
版式设计：方加青
责任校对：王荣静
责任印制：宋　林

出版发行：清华大学出版社
　　　　　网　　址：https://www.tup.com.cn，https://www.wqxuetang.com
　　　　　地　　址：北京清华大学学研大厦 A 座　　　　　邮　　编：100084
　　　　　社 总 机：010-83470000　　　　　　　　　　　邮　　购：010-62786544
　　　　　投稿与读者服务：010-62776969，c-service@tup.tsinghua.edu.cn
　　　　　质 量 反 馈：010-62772015，zhiliang@tup.tsinghua.edu.cn
印 装 者：小森印刷（北京）有限公司
经　　销：全国新华书店
开　　本：148mm×210mm　　　印　　张：9.375　　　字　　数：208 千字
版　　次：2019 年 6 月第 1 版　　　印　　次：2025 年 2 月第 7 次印刷
定　　价：68.00 元

产品编号：081290-01

运动医学与人文精神

　　非常高兴受到罗炜樑副教授的邀请来给《科学跑步：跑步损伤的预防与康复指南》这本书作序。

　　我非常欣赏作者作为健康工作者的专业素养和社会责任感，想把这本书推荐给喜欢跑步的人，无论是新手跑友、经验丰富的老跑友，还是悠闲跑友。

　　在全民健身的背景下，跑步运动脱颖而出，成为最受欢迎的有氧运动之一，但跑步损伤也随之而来。体育运动作为一个新兴产业，有关跑步的科学方法和跑步损伤康复知识的科普在目前是比较缺乏的。过去，甚至很多人都不知道跑步竟然会导致身体损伤！但真相是，有一半的跑友会在跑步的第一年受伤，有些地区或年份受伤率甚至高达90%以上。

　　跑步"养"人，但也会"伤"人。这本书的目的是告诉跑友科学的跑步方法，指导跑友受伤后该如何自我康复以尽快重返跑道，避免不科学的跑步方式引起不必要的伤害。学会科学跑步、预防跑步损伤，跑步的细节问题很值得重视。例如长跑前没做好上身的热身和放松，导致跑步时颈肩过于紧张，引起头颈前伸的错误姿势。千里之堤，可溃于蚁穴。一个极小的不良跑步习惯，也有可能引起严重的跑步损伤。这本书从众多的跑步细节出发，比较全面地介绍了可预防损伤的跑步方法和训练方法，可以帮助跑友很好地纠正平时的不良跑步习惯，全面提升跑步成绩并避免一些不必要的跑步损伤。

跑步损伤的预防和康复，都属于运动医学的范畴。运动医学，不仅是一门专业的学科、一项先进的技术，它还包含了浓郁的人文精神。这种人文精神，尤其体现在康复治疗师与患者 / 锻炼者的沟通上。平常的看病吃药，尚要医生与患者密切沟通是睡前吃还是饭后吃、一次吃多少，运动医学更需要强调康复治疗师与患者 / 锻炼者的沟通。这就需要康复治疗师的仔细讲解和患者 / 锻炼者的认真聆听、吸收学习。而这本书，既是对科学跑步的科普，也是一次康复治疗师与跑友的密切沟通。

以此为序。

罗平

广东体育职业技术学院体育保健系副主任、副教授、医师

广东省奥运全运医疗康复专家

亚运会医务技术官员

全国青少年运动会广东省代表队队医

实现科学跑步的理念

为一本科学跑步的书写序，要从我太太的腰痛开始，因为不仅是因为此事和本书作者罗炜樑副教授结缘，而且我也因此更理解什么是科学运动。

我太太生完二宝后相当长的一段时间里腰不舒服，也许是剖腹产或是照顾孩子时常抱孩子等原因造成的，总之平时常觉得腰酸无力，严重的时候早上翻身起床也困难，说病也不是病，但很困扰生活。

在一次运动康复会议上，我认识了罗副教授，得知他曾担任英超南安普顿足球俱乐部队医，在英国有十年的物理治疗执业经验。再一听他关于腰椎间盘突出的康复方法，我知道他就是我太太需要的物理治疗师。于是，我很快就为我太太约见了罗副教授进行检查诊断。罗炜樑副教授说话诙谐又很平实、专业，让人很放松且放心。诊断后他开出了运动处方：一系列康复训练动作。主要目的是针对性地激活深层不常用的小肌肉群，使人在生活中做各种动作时更均衡地使用核心肌肉群，不会过度使用某些肌肉。

于是我太太每周来一次诊所，由运动康复师根据运动处方教我太太把这周要练习的动作做标准，然后回家每天坚持练习。就是用这种不吃药、不做手术、不靠按摩理疗等外部刺激的方法，每天坚持做 20 分钟小强度力量训练动作，3 周开始见成效，6 周完全康复，腰部不适的症状消失了。现在两年多过去，我太太偶尔感觉有点不适时，重拾当时学的动作就能缓解。我太太开心得主动要为罗炜樑副教授的工作室录康复案例视频，因为她发自内心地希望更多人了解这种物理治疗方式：自己学会在日常生活中更合理地使用身体，这是减少身体伤痛的根本，而不是靠治疗。

而跑步伤痛又何尝不是如此呢？大多数是不能靠吃药和做手术能治好的，涂活络油或普通的按摩似乎也只是缓解。去医院看，医生最常见的意见是：别跑了！但我们去看医生可不是为了得到一个"不要再跑了"的结果，而是如何能健康地继续奔跑。

在跑步中合理地使用身体，并用合理的运动强度和频率积累锻炼，让身体各方面逐步变得更健康、更强大。这样的健康身体能让你远离伤痛，跑得快乐，也能让你的生活质量更好。罗副教授的这本新书，之所以我要推荐给更多跑友，是因为它的以下三个特点会帮助你实现这样的科学跑步理念。

首先，本书的内容专业性值得信赖。近几年自跑步浪潮兴起以来，不少跑友的跑步学习主要是倾听其他跑友的经验分享并模仿，但是个体的经验可能只是单一的情况，并不代表多数人的情况。这本书不是个人跑步的经验总结，而是一位经过多年训练的专业物理治疗师基于国外无数关于跑步的学术研究整理出来的专业内容。更难得的是它的专业性虽强，但行文不学究，而是简单、通俗易理解，便于普通人阅读和学习。读此书时，我常常想起罗炜樑副教授平实、专业而不花哨的说话风格，只可惜他的诙谐幽默没有在书中体现。

其次，书本涉及的跑步知识系统而全面。刚看到此书的目录，我就很喜欢，因为涉及的跑步知识层次清晰且全面。我还没在市面上看到有关跑步的书这么全面地介绍跑步损伤的预防和康复指导。从跑步损伤的评估、跑步的基本功常识（姿势和呼吸等）、防伤训练，到受伤后的处理、康复训练的动作，都娓娓道来，这正是大众跑者需要的。因为跑步所涉及的专业知识很多，但对于跑步知识，跑友常常都是碎片式学习，例如看了某公众号的某篇文章、听了某个跑友的经验分享等，不够系统。某些文章上的内容，可能只是对一些专业内容的断章取义和个体经验式的解读，并不完整。而这本书则具体、系统和完整地告诉跑友怎么评估伤痛、怎么练习基本功等。例如跑者常见的髂胫束问题，书中会告诉你怎么自己评估髂胫束的紧张程度。不单是新手跑者，即使是跑过多场马拉松的人也应该去重新学习。我常遇到一些跑马拉松的老手，他们也未必真的入门了。因为他们没有经过系统的跑步学习，可能在某个时刻一直在做错误的事情，只是自己一直都不知道而已。

最后一点，也是很重要的一点，本书内容实用性强，有大量具体可执行的步骤和方法，而不仅仅是告诉我们什么是对的什么是错的。所以即使有些跑友参加了目前市面上为期几天的跑步教练培训课，这些课程虽然有系统全面的理念和理论学习，但受限于时间等因素，跑步中各种情景的具体指引往往是不足的。而这本书会详细展开告诉你什么情况怎么处理、什么时候练、该怎么练，等等。

例如，对于打算开始跑步的新手，我会推荐他阅读书中的"新手跑者的预训练计划"。很多人说想跑步，然后买双跑鞋就开始跑了，但并不清楚跑前需要作什么训练准备可以减少伤痛风险。书中为新手准备的预训练内容，会清晰地告诉你需要 3 个星期的预训练时间，每个星期你应该怎样开始自己的力量训练、本体感觉训练、柔韧性训练等，这些都是非常好的预热训练。这不仅可以让你的身体从生理上准备好接下来的跑步计划，还让你从心理上以学习的心态做好准备。这种自主学习意识而非只想着跑步要坚持对预防跑步损伤是非常重要的。通过坚持而实现自我突破，是跑步这项运动的最大魅力之一。

但我也见过很多只想着坚持跑步却缺乏防伤意识进而造成跑步伤痛的跑者。而对于经常遇到伤痛的进阶跑友，我会推荐他们阅读书中关于跑步伤痛的运动康复篇。例如跑者常见的足底筋膜炎，书中一开始告诉我们足底筋膜炎的症状，然后指导你判断是足底筋膜炎还是其他问题。确定是足底筋膜炎后才指导你在每个康复阶段该做什么和怎么进行康复训练。这部分的内容充分，但简洁明了、逻辑清晰，这也是全书的风格。

最后，我想再强调学习对于科学跑步的重要性。跑步伤痛时常发生，一个重要原因是很多人认为跑步是不需要学习的。你家孩子想游泳，你会给孩子报班学游泳，但当孩子要跑步时就很少有人说需要教孩子学跑步。跑步，是重复做一个动作的运动。正是这重复性的动作，当存在不合理时就会让问题不断积累，让伤痛时常发生。跑步的门槛低，使人容易开始，却也使人认为跑步不需要学习，从而让伤痛有机可乘。而这本书就提醒我们通过系统学习跑步知识并不断在实践中体悟是可以预防跑步损伤的。

因此，我觉得这本书不但是新手跑友的入门指南，而且对进阶跑友也应是常伴身边的手册。我非常推荐跑者先完整、细

科学跑步
跑步损伤的预防与康复指南

致地读完这本书，然后在需要时再有针对性地翻看。拥有和享受健康，这是我们热爱跑步的重要原因。愿这本书能成为追求健康跑步的你的挚友。

挥雨

越野跑教练

资深耐力运动爱好者

跑龄 10 年的百公里"超马"跑者

这是一本关于跑步损伤的预防和康复指南。

多年以前，一个非常喜爱跑步的朋友跟我说过：跑步于他，更像是一场心灵自由的娱乐，是抑郁烦躁等糟糕心情的一场救赎。至今，我对他的话记忆犹新。而他在经历了一次比较严重的跑步损伤之后，仍然不改对跑步的热衷和初心。这同时是很多跑者面临的问题：跑步让人开心，让人以之为荣，但是跑步容易引起伤病！而我写下这本书，就是为了指导跑者科学跑步，使跑者有效地预防跑步损伤。阅读这本书，跑者不仅可以学会有效预防跑步损伤的科学方法，还可以通过书本内提到的跑步技巧和训练方法将跑步的成绩最优化，并且掌握那些常见的跑步损伤的康复措施。

跑步是一项"矛盾"的运动：它是一项简单便捷的健身运动，但也是一项具有高损伤风险的运动。过去，我见过太多跑步损伤的跑者，他们损伤的原因或是过度训练，或是跑姿错误，或是缺乏跑步经验，或是伤病史，或是呼吸方法不佳，或是扁平足等自身因素。而这些自身的因素往往可以通过学习和训练来进行调整，这些跑步损伤往往是可以有效被预防的。也就是说，他们曾经遭遇的跑步损伤，是可以避免的。只是，很多人都不知道。而我将在这本书的前三部分，着重指导跑者如何预防那些可避免的跑步损伤。

在开始本书的正文阅读时，你应该首先了解自己的优势和不足，然后才是学习如何预防损伤。所以，我在本书的第一部分列出了一份"跑步损伤风险评估测试题"和一个"跑步损伤风险评估表"。通过评估测试，你可以非常清晰地了解自己在跑步时的不足之处，以及发生损伤的风险有多大。

也就是说，在开始全面的跑步训练前，你可以先做一个跑步损伤的风险测试和评估，尤其是新手跑者。然后，根据风险评估的结果，你可以有选择地学习"不伤身"的正确跑步技巧，并及时调整自己跑步技巧上的不足，例如正确的跑步姿势、高效的呼吸方式、正确的跑前热身和跑后拉伸方法、X/O 型腿和扁平足的正确跑步方法、均衡的跑步膳食营养等。这些预防损伤的跑步技巧和知识，我将在这本书的第二部分进行非常详细的介绍。你可以一边看，一边进行学习和校正训练。

然而，有了正确的跑步技巧还不行，为了全面有效地预防跑步损伤，跑者还需要一副适合跑步运动的身体。这就涉及跑步时需要用到的上下肢肌肉、身体的核心稳定、本体感觉、耐力等因素。所以，跑者除了调整自己的跑步技巧外，还需加强身体训练。这就是我在本书的第三部分加入防伤训练的主要原因。在这本书中，跑者可以根据第三部分介绍的一些小测试题，亲自动手做一做身体的核心稳定性、上下肢肌肉柔韧性和肌力强弱、耐力、本体感觉的小测试。跑者可以根据测试的结果，选择性地开展对应的防伤训练，包括身体的核心稳定性训练、上下肢肌肉的柔韧性训练和力量训练、耐力训练、本体感觉训练以及交叉训练。

虽然一部分跑者在开始跑步时就得到了正确的跑步损伤预防指导，但是那些没能提前得到正确指导而已经出现跑步损伤的跑者怎么办？他们除了要找出损伤的原因，并及时作出相应的调整，还要进行科学的康复训练，以促进损伤的康复，恢复损伤部位的功能，预防二次损伤。为了指导这部分跑者快速找到正确康复方法，我在本书的第四部分加入了跑步损伤的康复指导。

提到运动损伤的康复方法，你对它们的印象是怎样的？按摩？电疗？针灸？拔罐？确实，它们在运动损伤康复方法中占据了一定的地位。但如果说不仅能使跑步损伤康复，还要恢复身体的运动功能，并且能预防二次损伤的康复方法，就一定要介绍运动康复。相对于欧美国家，虽然运动康复在中国的普及率较低，但不影响其效果。通过运动训练可以满足损伤者远离伤病，并重返跑道的愿望。

在第四部分，我详细地介绍了跑步损伤的康复原则。这些原则可以指导你在发生跑步损伤后该如何紧急处理，指导你何时可以静养休息，何时开始运动康复，何时开始功能性训练。而且，我还列出了常见跑步损伤的 9 种运动康复方法，并且加入了恢复性的跑步计划，指导受伤的跑者在康复后期进行科学的跑步训练，以安全地回归跑道。

目录

第三部分　跑步防伤训练

科学跑步　跑步损伤的预防与康复指南

目录

跑步可以说是最简单、最省钱、最有效的锻炼方式之一。虽然它只需要很少的装备，几乎可以随时随地完成，但是仍然需要我们掌握科学跑步和预防跑步损伤的专业知识。

　　随着跑步次数和里程的增加，跑步损伤的风险也随之增加。你是否还记得第一次跑完3千米、10千米、半程马拉松、全程马拉松后的身体反应和恢复时间？当你读完这本书再慢慢回忆和感受跑完这些里程后的身体反应，你可能会发现自己曾遭遇过或轻或重的运动损伤，可能会发现自己曾忽视了严重损伤前身体发出的健康警报，可能会发现自己曾经或已经遭遇的运动损伤原来是可以预防和避免的。

第一部分

十跑九伤？

第一章
哪些人跑步易受伤？

"十跑九伤"是真的吗？

关于跑步受伤，网上流传着一个说法：十跑九伤。这个说法可信吗？

"十跑九伤"指的是跑步损伤的风险问题，它并非是指每十个跑者当中一定会有九个发生跑步损伤，而是更倾向于表示跑步损伤的风险非常高。

据调查研究数据显示：即使跑者穿着舒适的跑鞋去跑步，仍然会有 50% 以上的跑者会出现跑步损伤。表 1-1 列出了各部位发生跑步损伤的概率，以及主要的跑步损伤类型。

表 1-1　跑步常见损伤部位统计表

部位	数量	占比	常见损伤
膝关节	842	42.1%	半月板损伤、髌腱炎、膝关节炎、髌股关节综合征
足部 / 踝关节	338	16.9%	足底筋膜炎、踝关节扭伤
小腿	257	12.8%	胫骨内侧应力综合征
臀部 / 骨盆	218	10.9%	臀中肌损伤
跟腱 / 小腿后侧肌肉	129	6.4%	跟腱炎、腓肠肌损伤

部位	数量	占比	常见损伤
大腿	105	5.2%	腘绳肌损伤、内收肌损伤
腰背	69	3.4%	脊柱损伤
其他	44	2.2%	
合计	2002	100%	

如表 1-1 所示，膝关节是跑步损伤的头号青睐对象，40% 以上的跑者曾出现膝关节损伤，它们可能是半月板损伤、髌腱炎、膝关节炎等。而踝关节、小腿、骨盆分别处于跑步损伤风险的第二、第三、第四位，大多数的跑步损伤可能牵涉到你的腰背至下肢部位。

跑步损伤的首要原因

跑步这项运动对人体的肌肉骨骼系统的压力是非常大的，但医学数据指出，跑步本身不会增加损伤的概率。国际著名的美国医学权威期刊《骨科与运动物理治疗》（*Journal of Orthopaedics & Sports Physical Therapy*，*JOSPT*）在 2017 年 6 月这一期上，发表了一篇名为"跑步与关节炎"的研究报告。在 25 份研究报告（总计 125810 人）中，选择 17 份报告（总计 114829 人）进行分析得出：竞技跑步者的关节炎患病率为 13.3%，久坐不动人群的关节炎患病率 10.2%，而健身跑步者的关节炎患病率仅为 3.5%。可见，久坐不动人群的关节炎患病率是健身跑步者的 3 倍，如图 1-1 所示。

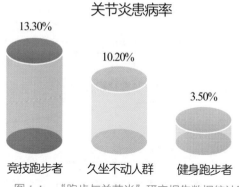

关节炎患病率

图 1-1 "跑步与关节炎"研究报告数据统计图

　　为什么跑步损伤时常发生呢？这可能与过度使用有关。据医学数据估计，每年出现过度使用损伤的跑步者高达 70%。

　　过度使用损伤是指由于重复性动作引起的肌肉、关节或骨骼等损伤，例如肌腱炎或应力性骨折。跑步时，身体的肌肉、肌腱与骨骼将会承受一定程度的负荷。当这些负荷累积起来，有可能会在肌肉、肌腱或骨骼上产生微小的损伤。一般情况下，这些微小的损伤可以通过休息保养自动修复。但是，一旦长期过度使用，损伤的速度超过人体自我修复的速度与能力，将会导致质变，出现肌肉或关节的病变，如图 1-2 所示。

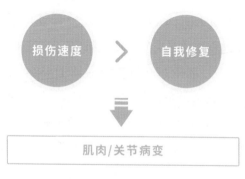

图 1-2 过度使用的损伤机制

当然，身体质量指数①（BMI > 25）与有伤病史也是导致跑步损伤的重要原因。身体质量指数越高，身体承受的跑步冲击力越大。有伤病史的跑者，再次损伤的概率会更高，特别是在过去 12 个月内出现损伤的跑者。Saragiotto 等科学家回顾研究分析了 4671 名跑者的信息，发现过去 12 个月内有过伤病史的跑者，再次损伤的风险会更高。

另外，无跑步经验也是导致跑步损伤的一个重要因素。2018 年一份针对 4621 名跑者的跑步损伤研究报告中发现，在每跑 1000 小时出现跑步损伤的人数中，无经验新手的损伤概率是有经验跑者的两倍。（研究把跑步少于一年的跑者划分为"无经验的新手"。）

跑步损伤的高发人群

以下四类跑者往往是跑步损伤的高发人群。

（一）跑步激进者

许多跑者，或是跑步的"打开方式"错了，或是对跑步成绩的强烈执着，或是对自己的身体素质过于自信，喜欢盲目地增加跑量，贸然增加跑速，然而身体却难以在短时间内适应如此剧烈的运动，从而出现了运动损伤。例如，很多马拉松精英跑者，为了追求更好的个人成绩，比如全马跑进 330、310 或者300，开始迫不及待地增加跑步训练强度，甚至一个月跑量多达500 千米。这样就会容易使身体自我修复的速度低于损伤积累的

---

① 身体质量指数，简称体质指数，又称体重，英文为 Body Mass Index，简称BMI。根据我国成人体重判定标准，BMI ≥ 24 属于超重。BMI=体重/身高的平方。

速度，导致跑步损伤的出现。

（二）BMI > 25 的肥胖跑者

不少跑者的跑步初衷是为了快速甩掉身上的肥肉，很多超重人士减肥的第一选择往往是跑步。但是在跑步时，正常体重跑者下肢关节承受的体重压力大概是行走时的 4 ~ 8 倍，而肥胖跑者下肢关节承受的压力会更大。同时由于肥胖，自身的肌肉力量不足，不能够吸收更多的跑步冲击力，肥胖跑者身体承受的负荷会比一般跑者的更大，因而更容易出现损伤，更需要注意科学跑步，加入跑步防伤训练。本书会在第三部分讲述防伤训练的内容。

（三）有伤病史的跑者

事实上，有伤病史的跑者再次出现跑步损伤，主要有三个原因：①伤后没有完全康复就开始跑步；②伤后缺乏专门的康复训练；③对康复情况错误预估导致跑步过量。这三方面的因素都会在一定程度上增加伤病部位的压力，导致伤病复发。而且，跑者有时候因为害怕避免伤痛，跑步时会不自觉使用其他部位代偿，反而会加重其他部位的压力，出现新的运动损伤。对于有伤病史的跑者，更加需要注意康复训练。本书会在第四部分针对各类损伤讲述康复方法以及损伤后如何重返跑道。

（四）无经验的新手跑者

虽然说跑步这项运动，只要换上一双跑鞋，就可以在公园、马路旁或健身房进行，但是因为跑步本身就会对下肢关节造成很多压力与冲击力，长期错误的跑步容易造成损伤。新手跑者往往由于缺乏经验更容易犯错，如跑步过量、跑姿错误、不重视跑前热身与拉伸等。当新手跑者本身的肌肉骨骼还没有适应跑步强度和节奏，再犯上述错误，那么跑步损伤概率会更高。本书会在第二部分讲述如何跑步不伤身，包括正确跑姿、呼吸方法等。

如何避免过度使用损伤？

过度使用损伤通常与跑步技术错误、过度训练有关。不正确的跑步技术方法会对身体造成额外的压力。例如，如果你在跑步时抬腿过高，可能会让大腿前侧肌肉被过度使用导致损伤。关于跑步技术的内容，你可以在本书第二部分找到。

过度训练，一般表现为频繁且快速地增加跑量、提高跑速。它会快速积累跑步带来的负荷，增加跑步损伤的潜在风险。为了跑者能科学地完成跑步训练，不得不严格控制他每周的跑步训练，以防过度训练，许多专家都会建议跑者遵循 10% 原则。

何为"10% 原则"？

10% 原则是跑步运动中最重要且已经过时间考验的科学有效的原则之一。它规定：跑者每周增加的跑量、跑速、跑步时间等不应该超过上周的 10%。

例如，一个每周跑 40 千米的跑者为了准备下半年的马拉松比赛，想在下周增强跑步训练，那么按照 10% 原则，他增加的跑量不应该超过 4 千米，即下周总跑量不应超过 44 千米。

增加跑量、跑步时间，提高跑速，都有可能会增加跑步损伤的风险。如果跑者想在下周增加另一个高强度训练，那么下周的跑量最好减少 10%。

例如，一个跑者每周跑 30 千米，他想在下周增加一项高强度的训练，例如跑山训练，那么按照 10% 原则，他在进行跑山训练的同时，其下周的跑量需要减少 3 千米。这主要是为了预防突然增加的高强度训练给身体太大的压力，降低运动损伤的风险；同时可以让身体对增加的强度训练做出积极反应，有利于身体吸收新增强度训练的好处。

10% 原则可以帮助跑者及时对运动量进行科学调整，防止过度训练，并帮助身体逐渐适应运动量调整后带来的新压力，让身体越来越强壮。

不仅高频率的跑步训练容易累积疲劳，而且对于心血来潮偶尔跑步的人来说，也有可能因过度训练而受伤。

不仅每周高频率跑步的男性跑者容易受伤，每周只跑一次的跑者也有可能因过度训练而受伤，尤其是女性跑者。这可能是因为跑步对肌肉骨骼的压力比较大，如果跑步训练的频率太低，跑者的身体没有足够的时间适应高强度的跑步运动。这就要求跑者科学制订跑步时间表，并严格加以遵守。

第二章
如何自己评估损伤风险？

每一个跑者，无论你的身份是学生、运动员还是社会的精英人士，心中都有一个明确的跑步目标。它可以是减肥塑形提高个人魅力，可以是准备一场 21 千米的半程马拉松比赛，也可以是准备在跑步竞技比赛时获得顶级的赞赏荣誉……无论你的目标是哪种，它都是你日复一日、年复一年汗流浃背地参加跑步运动的初衷。

虽然跑步损伤屡有发生，但是不影响跑者从科学跑步中获益。已有研究表明，跑步有益于身体健康，减少疾病风险，这里所说的疾病，轻微的如感冒发烧，严重的如癌症等。

科学跑步的四大益处

跑步能促进心脏健康。跑步是锻炼心肺的最佳有氧运动之一。研究发现，相比于没有跑步，每周跑步一小时或更长时间的人，患有冠心病的风险会降低 42%。如同我们身体的其他肌肉一样，心脏和呼吸肌需要进行反复锻炼，以保持肌肉纤维的健康状态，并提供有效的肌肉收缩。而且，跑步增加我们体内的血液流动，可以冲刷血管内的脂肪沉积，有效保持血管健康。

跑步能预防骨质疏松症。跑步会直接增加骨骼的负重，促进骨质生长，增加骨密度。同时，跑步能够促进肌肉收缩，增加肌肉纤维横切面肌和数量，从而增强肌肉力量。由于肌肉包裹着骨骼产生身体运动，所以骨骼上的拉力会刺激骨密度增加。随着肌肉更加健壮，骨骼为了支持其带来的额外重量，骨密度会自然增加，从而减少骨质疏松的风险。

作为一个跑者，你可以有效地预防骨骼老化。当你 25 ～ 30 岁时，你的身体不再自行产生更多的骨量，在摄入足够的卡路里和钙的前提下，像跑步这样的负重运动会降低骨骼的衰弱率和骨量的流失速度。所以，当你年轻的时候，面对不可避免的骨骼老化，你可以通过适当的负重运动把自己的身体状态调整至最佳状态。作为一个终身跑者，长期跑步可降低骨质减少和骨质疏松的风险。

跑步能够让人心情愉悦。大量研究证明跑步可以舒缓抑郁与焦虑的情绪。长时间跑步会让身体释放一些情绪增强激素和神经递质包括内啡肽、内源性大麻素、多巴胺和 5- 羟色胺。这些激素和神经递质会让跑者感受跑步过程的愉悦、激情与平静，摆脱抑郁与焦虑的情绪。

跑步能减脂。减脂是很多跑者日复一日地坚持跑步的最大动力。同时跑步也是一种非常有效地燃烧卡路里和减脂的重要方法。例如一个体重 68 千克的跑者，每跑 1.6 千米可以消耗 100 卡路里。但是跑步减脂需要科学把握"度"的问题。美国疾病控制和预防中心建议，为了跑者的健康，肥胖跑者应按照每周减少 0.45 至 0.91 千克体重的速度进行减脂，以避免过度减脂。过度减脂不但容易反弹，而且会导致营养不良等不健康情况。

成人跑步损伤的风险预测问卷

跑步运动是一把"双刃剑"，一方面我们得益于跑步运动，另一方面我们为各种的运动损伤伤透了脑筋。很多跑者没有跑步损伤的防范意识，以至于他们通常会在出现比较严重的跑步损伤之后才开始重视。

接下来，我将给大家提供一个关于"跑步损伤的风险预测问卷"。这个风险预测问卷将通过分析基本身体条件、自身跑步习惯、下肢生物力学、肌肉柔韧性，帮助你更仔细地了解跑步损伤风险，让你能及时调整训练计划，预防跑步损伤。以下是预测问卷的详细内容。

基本身体条件

1. 你的性别是什么

男女的性别差异在一定程度上会影响跑步损伤风险的高低，这主要是男女的肌肉骨骼组织的差异所致。

差异一，如图 2-1 所示，女性的骨盆通常比男性的骨盆宽。而更宽的骨盆使得女性的脚落地时，其膝关节、脚部旋转的角度要比男性的大。相比之下，女性跑者则更容易出现足部过度向前旋转，跑步损伤的风险比男性高。

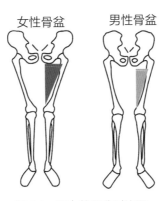

图 2-1　男女的骨盆对比图

差异二，一般情况下，女性跑者的膝关节的髁间窝比男性的窄小，如图 2-2 所示。髁间窝，指股骨外侧髁与内侧髁之间的凹槽。前交叉韧带①附于股骨外侧髁内面的后部，膝关节做伸直运动时前交叉韧带会与髁间窝直接接触。而髁间窝越小，前交叉韧带的活动范围就越受限制，尤其是在关节扭转运动时。所以，在同等运动量的情况下，女性前交叉韧带损伤的风险会比男性的高。而且，已有研究表明，女性跑者的前交叉韧带（ACL）的损伤风险明显会比男性高出 2 ～ 8 倍。

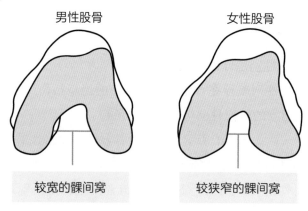

男性股骨　　　　　　　女性股骨

较宽的髁间窝　　　　　较狭窄的髁间窝

图 2-2　男女的髁间窝对比图

差异三，虽然女性的韧带、肌肉、关节等组织的弹性要比男性好，但其肌肉力量稍弱，致使女性的关节稳定性较差。这使得女性更容易出现韧带或关节等组织损伤。另外，因为女性的骨骼较小，承压能力较低，所以，相比男性跑者，女性跑者出现应力性骨折②的风险更高。

① 前交叉韧带，是膝关节重要组成，主要作用是限制胫骨向前过度移位以维持其稳定性。
② 应力性骨折是一种由过度使用造成的骨骼损伤。当肌肉过度使用疲劳后，不能及时吸收冲击震动，将应力传导至骨骼，引起小的骨裂或骨折。

虽然先天比男性跑者不足，但是女性跑者们可以后天进行弥补。女性跑者可以通过两个方法来降低跑步损伤的风险：穿上符合她们生物力学需求的舒适跑鞋，进行力量锻炼以增强下肢肌肉力量和提高关节的稳定性等。

2. 你的身体质量指数是多少？

跑步时，你的体重越大，身体承受的压力和冲击力就越大。你的肥胖情况越严重，身体肌肉能够吸收的压力和冲击力越小，作用于关节的压力和冲击力就越大，关节损伤的风险越高。

目前国际上常用的衡量人体胖瘦程度的标准是身体质量指数（BMI）。这是一个计算比较简便的指标，是用体重千克数除以身高米数平方得出的数字。表 2-1 所示的是我国国家卫生与计划生育委员会制定的 BMI 标准。

表 2-1　我国国家卫生与计划生育委员会制定的 BMI 标准

符合中国人口的 BMI 标准	
偏瘦	< 18.5
正常	18.5 ~ 23.9
超重	≥ 24.0
偏胖	24.0 ~ 27.9
肥胖	≥ 28.0

体重越大，关节损伤风险越大，但不代表体重过轻者的跑步损伤风险会更小。同样的，体重过轻会增加跑步损伤风险。有研究表明，BMI < 19 的女性跑者更容易出现应力性骨折，恢复时间相对较长。这主要与体重轻、肌肉力量低不能吸收跑步冲击力有关。

也就是说，BMI > 24 与 BMI < 19 的跑者更容易受伤。

另外需要补充一点，如果是长期有运动习惯的人群，BMI 的计算方法反而容易把你归类为超重或肥胖状态。这是因为长期运动会促进骨质增长，增加骨密度，从而导致体重上升。相同体积下，肌肉要比脂肪重。长期运动人群肌肉会更发达，体重可能更高。此时就需要使用另一种方法测量——体脂率（Body Fat Percentage，BFP）。体脂率，是指人体的脂肪重量在总体重中所占比例，反映你体内的脂肪含量。表 2-2 是美国运动协会（American Council on Exercise，ACE）提供的体脂率范围。

表 2-2　美国运动协会提供的体脂率范围

分　类	男　性	女　性
维持生命及生育等基本所需的脂肪范围[①]	2%～5%	10%～13%
运动员的脂肪范围	6%～13%	14%～20%
健身人群的脂肪范围	14%～17%	21%～24%
普通人群可接受的脂肪范围	18%～24%	25%～31%
肥胖人群的脂肪范围	≥25%	≥32%

其中，体脂率超过 24% 的男性跑者或超过 31% 的女性跑者，跑步损伤的风险更高。

那问题来了，该如何检测体脂率？目前常用的体脂率检测方法有卡尺法、生物阻抗分析法、水下称重法，其操作可行性、价格高低和准确性见表 2-3。

表 2-3　各体脂率检测方法对比表

方　　法	操作可行性	价格高低	准　确　性
卡尺法	操作复杂	便宜	若无专业人士检测，结果会有差距
生物阻抗分析法	操作简单	便宜	因设备、计算公式不同，差异较大
水下称重法	操作复杂	昂贵	高准确性

---

① 必需脂肪（Essential Fat）是指人体用来维持生命及生育基本所需的脂肪。若人体必需脂肪不足，具有死亡风险。

经检测后，若你的 BMI 或体脂率较高，那么你可以适当调整自己的跑步方式与日常饮食，例如跑步与散步结合，并在日常饮食中少喝含酒精、糖类的饮料，少吃含糖类和脂肪类食物，以适当减脂。

3. 你今年几岁了？

相对年长的跑者，年轻的跑步者身体恢复能力更强，可显著减少跑步损伤的概率。这是因为随着年龄的增长，身体各部分机能会逐渐下降，骨骼、肌肉、韧带等会逐步出现衰退。其实，这是一种正常的生理现象，只是这种正常生理现象会增加跑步损伤的风险。有研究发现，年龄偏大是增加大腿后侧肌肉、跟腱受伤风险的因素。

对于年龄偏大的跑者，平时除了跑步以外，还需要加入肌肉力量与柔韧性的训练。具体的训练方法会在第三部分说明。

自身跑步习惯

1. 你跑步多久了？

相对于跑步已经超过一年的跑者来说，新手跑者（跑步少于一年的跑者）更容易由于训练失误导致跑步损伤。胫骨应力性骨折是新手跑者的常见损伤。这主要是因为新手跑者急于求成，总是想跑得更多、更快，却忽略了初跑者的肌肉、关节、肌腱、韧带等组织还没有适应跑步带来的重复性压力。在初学跑步的前 4 个月，是一个非常重要的过渡期。刚开始跑步时，新手跑者应该采取慢跑和步行结合的训练方式，而且每周增加的跑量和跑速都应该遵循 10% 原则。

2. 你每周的跑量有多少？

每周的跑量越多，其出现损伤的风险就越高。两项高质量研究表明，每周跑量超过 64 千米（约 40 英里），会增加运动损伤的风险。对于休闲跑者（非专业运动员），建议把每周跑量限制在 64 千米以内。

3. 你每周增加多少里程？

无规矩不成方圆，为科学预防跑步损伤，每周增加的里程也有统一的科学标准，即跑步的黄金法则：10% 原则。你每周跑步增加的里程不应该超过上周的 10%。例如，如果你上周的跑量是 30 千米，那么本周增加的跑步里程不应该超过 3 千米。而忽视 10% 原则会让你陷入过度训练和跑步损伤的旋涡当中。

4. 你有损伤史吗？

有损伤史的跑者再次发生跑步损伤的概率非常大。多项研究发现：在一个月内或一年内腿部出现过运动损伤史的跑友再次损伤的可能性非常高。运动损伤除了直接破坏肌肉骨骼等的组织，还会对人体的平衡与关节肌肉的控制能力造成一定的影响。

同时损伤恢复后，大脑也需要更多的时间适应修复后的组织。如果没有经过系统的康复，没有等待伤口愈合就直接跑步，那么由于平衡与控制能力的下降，再次损伤的概率会非常大。另外，有时跑者为了迁就损伤部位不敢发力，反而容易让其他部位代偿，出现错误跑姿，增加损伤风险。

5. 你一周有多少天跑步？

肌肉对训练的适应性反应是有限度的。每天跑步，非但不会让你的跑步成绩飞速提高，反而由于没有足够的时间让肌肉修复，更容易出现跑步损伤，建议每周有 1 ～ 2 天的休息日。新手跑者开始跑步时可以隔天跑步 1 次。休息日可以做一些交叉训练，如散步、游泳、拉伸等。详细的交叉训练内容将在第三部分的第十八章详细介绍。

6. 你习惯在跑前热身？

跑前热身能够让你的身体升温，提升肌肉弹性，让肌肉可以更快地收缩与伸展。大量研究证明，跑前热身有助于减少运动损伤的概率，提高运动过程中的表现。也就是说，跑前热身会让你的跑步成绩更好。尤其是晨跑，早上体温较低，肌肉相对僵硬，若没有充分的热身，很容易出现抽筋、肌肉拉伤的情况。

下肢生物力学

1. 你的足弓有多高？

跑步时，足弓决定了下肢的活动方式。无论是高足弓还是扁平足，都有增加跑步损伤的风险。例如，高足弓和扁平足都会影响你站立时的体重分布，增加对足底筋膜的压力，从而诱发足底筋膜炎。

测量足弓可采用纸印法。①取脚印。打湿你的双脚足底，坐在高凳上，把双脚一起踩在试纸上，然后缓慢站起来，在原位坐下后，再次将双脚抬离试纸。②测量脚印。在足印内侧画一条线，从足跟中心点到第三趾中心点画第二条线，两线相交成角，再画角平分线为第三线，如图 2-3 所示。

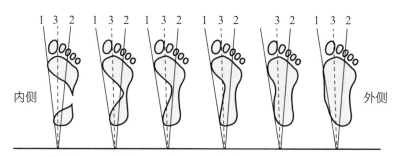

图 2-3　测量足弓：纸印法

测试结果说明（见图2-3）：

①如果你的足弓内缘线刚好位于第二线上，那么说明足弓很正常；

②如果足弓内缘线位于第二线和第三线之间，说明有轻度扁平足；

③如果足弓内缘线位于第一线和第三线之间，说明有中度扁平足；

④如果足弓内缘线在第一线的内侧，说明有重度扁平足；

⑤如果足弓内缘线位于第二线的外侧，但前脚掌与脚后跟的印迹仍然连接在一起，那么你的足弓较高；

⑥如果足弓内缘线位于第二线的外侧，但前脚掌与脚后跟的印迹断开，那么你的足弓非常高。

扁平足或高足弓者该如何预防跑步损伤，将会在第二部分进行详细介绍。

2. 你有 O/X 型腿吗？

正常情况下，我们站立时两膝关节与踝关节是可以并拢的。如果双脚站立时，两个膝关节或踝关节无法并拢，那你需检测 O 型腿或者 X 型腿的可能性了。这种情况会导致膝关节受力不均，足部过度活动，踝关节不稳定，增加跑步损伤的风险。表 2-4 展示了 O/X 型腿的测量方法。

表 2-4　O/X 型腿的测量方法

O 型腿测量	X 型腿测量
检查方法： 跑者站立位，双腿并拢。 检查者测量双膝关节内侧（胫骨内侧髁）之间的距离，如图2-4所示。	检查方法： 跑者站立位，双腿并拢。 检查者测量双踝关节内侧之间的距离，如图2-5所示。

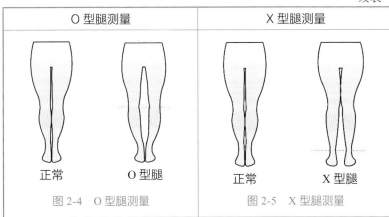

O 型腿测量	X 型腿测量
正常　　　　O 型腿	正常　　　　X 型腿
图 2-4　O 型腿测量	图 2-5　X 型腿测量
检查结果：正常时双膝关节能够并拢，距离越大，O 型腿（膝内翻）越严重。双膝关节距离在 3cm 以内者为轻度，3～10cm 为中度，超过10cm 为重度。	检查结果：正常时双踝关节能够并拢，距离越大，X 型腿（膝外翻）越严重。双踝关节距离在 3cm 以内者为轻度，3～10cm 为中度，超过10cm 为重度。

3. 你是长短腿吗？

一般情况下，长短腿可分成结构性长短腿和功能性长短腿。从解剖学上看，结构性的长短腿，两条腿的长度不一。测试方法有两种：①站在镜子前面，双掌放在左右臀的同样位置上，手掌位置较高的一侧，其腿要比另一侧长。②检查你的旧鞋，长腿那一侧的鞋子，其鞋底会磨损得更厉害。

功能性的长短腿，左右两腿的长度一般不会有差异，但由于脊柱、骨盆等部位的生物力学问题，例如左右骨盆不平衡、脊柱侧弯，左右两腿看起来长短不一。下面是一个简易的长短腿测量方法。

如图 2-6 所示，赤脚站立，将已知高度的物体放置在短腿的后跟下，使其与骨盆水平高度一致。该物体的高度是双腿长度的差异。这是一种间接测量腿长度差异的方法。当然，如果有必要，也可以通过影像学测量，如拍摄 X 片。

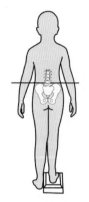

图 2-6　长短腿测试

如果你有轻微的结构性长短腿，可购买长短腿的专用跑鞋进行跑步训练。但如果是功能性长短腿，则需要及时联系物理治疗师进行功能性调整。

下肢柔韧性

1. 你的小腿肌肉柔韧性好吗？

肌肉通过收缩的形式使人体产生运动，柔韧性不足意味着肌肉僵硬、弹性不足，会让肌肉在收缩时达不到正常的长度与速度，影响在跑步中的力量发挥和肢体活动度，容易出现损伤。例如最直接的跑步损伤是：僵硬的小腿肌肉使跑者过度拉伤跟腱，导致跟腱炎。

小腿肌肉柔韧性的检测方法：准备一把尺子，请朋友或家人帮忙测量。跑者脱鞋，面向墙壁，双脚前后站立在墙壁前面，被测试腿在前，并保持大脚趾与墙壁的距离为 6 厘米。此时，慢慢弯曲膝关节，并注意足跟的位置。如果足跟能保持贴近地面，那么可逐渐往后移动被测试腿，直至足跟开始离开地面之前停下，并测量此时被测试腿大脚趾到墙壁的距离，如图 2-7 所示。

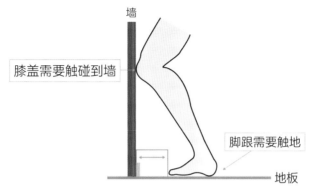

图 2-7　小腿肌肉的柔韧性测试

　　注意：测试时，被测试腿的膝盖、臀部、第二个脚趾，皆要正对着墙壁，三者与墙壁之间呈水平直线方向。小腿肌肉柔韧性的测试结果说明见表 2-5。

表 2-5　小腿肌肉柔韧性的测试结果说明表

小腿肌肉柔韧性的测试结果说明（单位：厘米）			
过度僵硬	紧张僵硬	正常范围	过度柔软
＜ 6	6 ～ 9	10 ～ 12	＞ 12

　　如表 2-5 所示，如果测量结果小于 9 厘米，即说明你的小腿肌肉柔韧性比较差，那么你需要增加一些小腿肌肉的柔韧性锻炼，详见第三部分的第十三章。如果测量结果位于 10 ～ 12 厘米之间，那么表示你小腿肌肉的柔韧性是比较好的。如果超过 12 厘米，那么表示小腿肌肉过于柔软，可能会影响到你的踝关节稳定性。

　　2. 你的腘绳肌柔韧性好吗？

　　腘绳肌位于大腿后侧，是由半腱肌、半膜肌、股二头肌长头组成的肌群。在跑步运动时，腘绳肌起到屈膝、伸髋、防止胫骨过度向前、稳定膝关节的作用。如果腘绳肌柔韧性不足，过于紧张和僵硬，跑步时腘绳肌无法正常收缩伸展，会直接影响你正常地屈膝、伸髋，增加腘绳肌拉伤、膝关节和髋关节疼痛的风险。所以，让腘绳肌保持良好的柔韧性是预防跑步损伤的重要一项。

腘绳肌柔韧性的检测方法：跑者直接躺在地上，双脚屈膝90度，脚掌平放在地面。然后双手抱起一侧大腿，使大腿与地面呈90度，同时保持臀部不要离开地面，并尽量伸直膝关节，记录小腿与地面的夹角，如图2-8所示。

测试结果说明：如果无法完全伸直或者伸直过程中出现疼痛，说明大腿后侧腘绳肌较为僵硬，可能需要增加腘绳肌的拉伸训练，详细的训练方法详见第二部分的第六章。

图 2-8　腘绳肌的柔韧性测试

3. 你的股四头肌僵硬吗？

股四头肌位于大腿前侧，主要负责伸膝屈髋，在跑步中，提供向前的蹬力。如果股四头肌僵硬、柔韧性不足，除了容易出现抽筋以外，还会影响膝关节前侧髌骨的位置，更容易出现髌股关节综合征。

测试方法：俯卧位，身体自然放松，在保证腹部与大腿前侧贴紧地面的同时，尽量使脚跟贴近臀部，测量脚跟与臀部的距离，如图 2-9 所示。如果该距离小于 5 厘米，则说明股四头肌柔韧性不错，反之则需要增加股四头肌柔韧性训练。

注意：在测试过程中，如果腹部与大腿前侧离开地面，那么得出的数据是不准确的。因为这属于为了使得脚跟贴近臀部，身体自然做出的代偿动作，会影响测试结果的准确性。

图 2-9　股四头肌的柔韧性测试

4. 你的髂胫束会不会紧张？

髂胫束综合征是膝关节疼痛最常见的原因之一。髂胫束紧张和足部过度向内侧旋转是导致髂胫束综合征的常见原因。

髂胫束柔韧性的检测方法：侧躺在桌子的边缘，屈膝，一手用力扶住下方的膝关节，上方的腿屈膝向后伸，并慢慢往桌子水平线及以下靠近，如图 2-10 所示。如果你无法完成，就说明你的髂胫束太紧张，需要增加髂胫束的拉伸训练，髂胫束的拉伸训练方法详见第二部分的第六章。

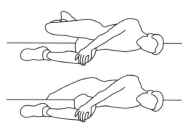

图 2-10　髂胫束的柔韧性测试

运动损伤风险评估表

根据以上的测试，回答以下的问题。每个问题的答案选项后面相对应着不同的分数，请选择最符合自己实际的答案选项并把相应的 16 个分数加起来。

基本身体条件

1. 你的性别？

男　　　　　　　　　　0

女　　　　　　　　　　1

2. 你的身体质量指数或体脂率是多少？（二选一）

身体质量指数，英文缩写 BMI，是一个衡量人体的胖瘦程度以及是否健康的标准。适合我国跑者的身体质量指数或体脂率标准如表 2-6 至表 2-8 所示。

表 2-6　中国跑者的身体质量指数标准

BMI 数值意义	BMI 范围	分数
偏瘦	< 18.5	1
正常	18.5 ～ 23.9	0
超重	≥ 24.0	1
偏胖	24.0 ～ 27.9	2
肥胖	≥ 28.0	3

表 2-7　男性体脂率标准（参考）

男性体脂率数值意义	男性体脂率范围	分数
必需脂肪	2% ～ 5%	1
运动员	6% ～ 13%	0
健康范围	14% ～ 17%	1
可接受范围	18% ～ 24%	2
肥胖人群	≥ 25%	3

表 2-8　女性体脂率标准（参考）

女性体脂率数值意义	女性体脂率范围	分数
必需脂肪	10% ~ 13%	1
运动员	14% ~ 20%	0
健康范围	21% ~ 24%	1
可接受范围	25% ~ 31%	2
肥胖人群	≥ 32%	3

3. 你的年龄是多少?

18 ~ 35 岁　　　　　　　　　0

36 ~ 50 岁　　　　　　　　　1

超过 50 岁　　　　　　　　　2

自身跑步习惯

1. 你跑步多久了?

4 个月及以上　　　　　　　　0

2 ~ 4 个月　　　　　　　　　1

1 个月或更少　　　　　　　　3

2. 你每周的跑量有多少?

64km 以内　　　　　　　　　0

超过 64km　　　　　　　　　1

3. 你每周增加的里程是多少?

每周增加的里程少于 10%　　　0

每周增加 10% ~ 15%　　　　4

每周增加 15% 以上　　　　　10

4. 你有损伤史吗?

从未有过任何损伤　　　　　　0

一年前有过损伤史　　　　　　1

一年内有过损伤	2
三个月内有过损伤	3
一个月内有过损伤	4

5. 你一周有多少天跑步?

5 天以内	0
超过 5 天	1

6. 你会不会在跑前热身?

会	0
不会	1

下肢生物力学

1. 你的足弓有多高?

重度扁平足	4
中度扁平足	2
正常足弓	0
足弓较高	1
足弓非常高	4

2. 你有 O/X 型腿吗?

重度 O 型腿	3
中度 O 型腿	2
轻度 O 型腿	1
正常	0
轻度 X 型腿	1
中度 X 型腿	2
重度 X 型腿	3

3. 两腿的长度差异是多少？

0.32cm 及以下	0
0.32 ～ 0.48cm	1
0.48 ～ 0.64cm	2
0.64 ～ 0.95cm	3
0.95cm 以上	4

下肢柔韧性

1. 你的小腿肌肉柔韧性好吗？

＜ 6cm	2
6 ～ 9cm	1
10 ～ 12cm	0
＞ 12cm	2

2. 你的腘绳肌柔韧性如何？

90°以上	0
85°～ 90°	2
75°～ 84°	3
60°～ 74°	4
60°以下	5

3. 你的股四头肌柔韧性如何？

＜ 5cm	0
＞ 5cm	3

4. 你的髂胫束僵硬吗？

不会	0
很僵硬	3

最后，你只要把以上 16 道题的得分相加之后，对照表 2-9，

把自己的分数对号入座，即可估算跑步损伤风险的高低。

表 2-9 跑步损伤风险测试结果说明表

得分	跑步损伤风险
0 ~ 15	比较低
16 ~ 26	一般高
27 ~ 37	比较高
38 ~ 49	非常高
50	极其高
注意：得分越高，跑步损伤的风险越高。	

　　跑步本身是一项健康运动，然而它会因为跑者的身体状态、跑步习惯等使跑步效果出现差异化，或锦上添花让你越跑越健康，或出现跑步损伤。那么如何评估自己的跑步习惯是否会带来跑步损伤？你可以通过以上专业的运动损伤风险评估表准确地评估自己的跑步风险，并根据风险预测问卷对跑步习惯进行科学调整，以尽量降低跑步损伤的风险，将跑步的益处最大化，让你越跑越健康。

　　本书将在后面的章节详细阐述和分析如何科学预防跑步损伤，以及该如何科学处理常见的跑步损伤，为你提供专业的跑步损伤的康复指南，让你科学跑步、安心跑步、自由跑步。

参考文献

[1] Taunton, J.E., Ryan, M.B., Clement, D.B., McKenzie, D.C., Lloyd-Smith, D.R. and Zumbo, B.D., 2002. A retrospective case-control analysis of 2002 running injuries. 36(2): 95-101.

 [2] Teyhen, D.S., 2017. Running and Osteoarthritis Does Recreational or Competitive Running Increase the Risk? JOSPT 1111 NORTH FAIRFAX ST, STE 100, ALEXANDRIA, VA 22314-1436 USA.

[3] Malisoux, L., Nielsen, R.O., Urhausen, A. and Theisen, D., 2015. A step

towards understanding the mechanisms of running-related injuries. J Sci Med Sport, 18(5): 523-528.

[4] Saragiotto, B.T., Yamato, T.P., Hespanhol Junior, L.C., Rainbow, M.J., Davis, I.S. and Lopes, A.D., 2014. What are the main risk factors for running-related injuries? Sports Med, 44(8): 1153-1163.

[5] Kemler, E., Blokland, D., Backx, F. and Huisstede, B., 2018. Differences in injury risk and characteristics of injuries between novice and experienced runners over a 4-year period. The Physician and Sportsmedicine: 1-7.

[6] Arendt, E. and Dick, R., 1995. Knee Injury Patterns Among Men and Women in Collegiate Basketball and Soccer: NCAA Data and Review of Literature. The American Journal of Sports Medicine, 23(6): 694-701.

[7] Jamieson, M., Schrocder, A., Campbell, J., Seigel, C., Everson, S. and Miller, T.L., 2017. Time to return to running after tibial stress fracture in female Division I collegiate track and field. Current Orthopaedic Practice, 28(4): 393-397.

[8] Hirschmüller, A., Frey, V., Konstantinidis, L., Baur, H., Dickhuth, H.H., Südkamp, N.P., Helwig, P.J.M., Sports, S.i. and Exercise, 2012. Prognostic value of Achilles tendon Doppler sonography in asymptomatic runners. Medicine & Science in Sports & Exercise, 44(2): 199.

[9] Macera, C.A., Pate, R.R., Powell, K.E., Jackson, K.L., Kendrick, J.S. and Craven, T.E., 1989. Predicting lower-extremity injuries among habitual runners. Arch Intern Med, 149(11): 2565-2568.

[10] Walter, S.D., Hart, L.E., McIntosh, J.M. and Sutton, J.R., 1989. The Ontario cohort study of running-related injuries. Arch Intern Med, 149(11): 2561-2564.

[11] Hreljac, A.J.M., Sports, S.i. and Exercise, 2004. Impact and overuse injuries in runners. 36(5): 845-849.

[12] Tanasescu, M., Leitzmann, M.F., Rimm, E.B., Willett, W.C., Stampfer, M.J. and Hu, F.B.J.J., 2002. Exercise type and intensity in relation to coronary heart disease in men. 288(16): 1994-2000.

[13] Sabharwal, S., Kumar, A.J.C.o. and Research, r., 2008. Methods for assessing leg length discrepancy. 466(12): 2910-2922.

为什么我们总是强调在跑步前先来一组热身运动?为什么总是让我们在长跑之后继续沿着场地慢走几分钟?这些都是为了让我们预防和远离跑步损伤。它们就如同是工厂流水线上的固定作业,少了其中的一项,就有可能生产出瑕疵产品。这个瑕疵产品就是因跑步而累积伤痛的你。在跑步这条流水线上,跑姿、呼吸方法、跑前热身和跑后拉伸、饮食营养等因素会直接或间接影响你的跑步成绩和跑步损伤的风险。只要你不断地完善这条流水线上的这些因素,你就会不断地提高跑步成绩,降低跑步损伤的风险,让跑步再也伤不了你。

第二部分

如何跑不伤身

第三章
你的跑姿正确吗？

　　你有没有问过自己这个问题：我的跑姿是不是正确的？尤其是新手跑者，和反复出现同一跑步损伤的跑者。

　　如果说飞翔是鸟儿的本能，那么走路和跑步也是我们人类的本能。我们从蹒跚学步到肆意奔跑，从小就开始学习如何走路才能走得更稳，如何游刃有余地尽力奔跑。但是论起科学跑姿，可能很多人都需要学习。虽然人天生就会跑，但是惯用的跑姿不一定就是科学的。

　　很多新手跑者在开始跑步前，没有预防跑步损伤和科学训练的意识，可能并不知道原来跑姿也是有讲究的，只是始终保持着轻松和自由的心态，固执地跑向自己的目标——或是让自己越跑越瘦，或是让自己越跑越健康，或是让自己越跑越快乐。然而，不科学的跑步姿势往往会让跑者事与愿违。

　　你会不会在每次长跑完之后，感觉脚后跟隐隐作痛？

　　参加集体跑的时候，为什么每次落后的都是自己？

　　跑完步后，你会不会腰酸背痛或者肩膀酸痛？

　　这是不良的跑步姿势在作祟。不良的跑步姿势可能会导致跑步损伤，而这些跑步伤痛可能会让你不得不停止跑步运动，让你距离自己的目标越来越远。那么问题来了，如何检查自己的跑姿是否正确？

　　检查跑姿是否正确的最简单的方法是：录像检测。通过录像截图或慢动作，我们可以直观了解跑步各关节的活动，进一步改善跑步技术（跑姿）。但在此之前，我们先来了解一些跑步姿势的基础知识。当你做到以下几点，我们再去通过录像检测深入调整跑姿，这样会事半功倍。

关于跑步的五大基础姿势

头颈姿势

跑步时，你的双眼应该直视前方约 6 米处，并自然伸直颈部和背部，避免仰视或俯视导致的头部过度后仰或前倾，如图 3-1 所示。

图 3-1　颈部过度前倾与正确头颈姿势对比图

头部姿势是人体的指引牌，它的"一举一动"都会影响颈部和背部的姿势。跑步时，如果你习惯性地低头看地面，这样会导致你的头部和颈部过度往前倾。随着颈部肌肉的前倾，背部会处于含胸驼背的姿势，无法自然放松。这样不但影响跑步效率，还增加了颈部和背部肌肉酸痛的风险。而且，含胸的姿势会压迫肺部，影响你的肺活量。

肩背姿势

跑步时，你应该放松肩膀，挺直背部。如此可以让肩膀不会过度前伸，始终位于耳朵的后面，有利于保持左右肩的平衡，如图 3-2 所示。

图 3-2　正误肩背姿势对比图

如果肩膀无法放松，背部无法挺直，你就更加容易也会更快在跑步过程中出现疲劳酸痛，同时会直接影响双臂的摆动频率。放松肩膀与挺直背部有助于提高双臂的摆动频率，推动你跑得更快。在跑步时，如果出现肩背疲劳，建议暂停跑步，并自然垂下双手甩动几秒钟，以释放张力，放松肩背部位。

双臂姿势

跑步时，双臂需屈肘 90 度，双手手掌呈半握拳状，在胸部与腰部之间不断摆动，注意肘部不能朝向外侧，如图 3-3 所示。

图 3-3　正误双臂姿势对比图

如果肘部屈曲的角度过大或过小、双手握得过紧，则非常

科学跑步

跑步损伤的预防与康复指南

容易造成前臂过于紧张，进而减少双臂摆动的次数、幅度与速度，从而影响跑步速度。而肘部朝向外侧，意味着双臂在身体前面交叉摆动，而非直接朝着正前方摆臂，会减慢跑步的速度。

腰腹姿势

跑步时，你应该微微收腹，以挺直腰背，避免骨盆过度前倾或后倾，如图 3-4 所示。

图 3-4　正误腰腹姿势对比图

除了要防止头部过度前倾之外，还要注意微微收腹，挺直腰背，躯干切勿过度前倾或后仰。躯干的过度前倾或后仰会直接导致骨盆前倾或后仰，从而压迫腰部，容易引起腰部疼痛。

腿部姿势

通常来讲，跑步时，只需微抬膝盖，使双腿呈 S 型，避免腿部过于前伸。这有助于减轻脚踝、跟腱、膝盖等部位受到的冲击力，从而降低跑步损伤风险，如图 3-5 所示。

图 3-5　正确的腿部姿势

但是对于冲刺阶段或短跑运动员来说，可以把前侧腿的膝盖抬得更高，以在短时间内发挥最大的腿部力量与最大的爆发力，让跑者跑得更快。相反，由于长跑更加注重跑者的耐力，如果跑者的膝盖抬得太高，跑者可能会在长跑的前段时间更快地消耗自己的能量，以至于没有足够的耐力结束长跑。所以，你需要根据自己的跑步需求调整腿部姿势。

那么如何快速掌握这些跑步基础姿势？一个比较有效的方法是：在全身镜前进行原地跑步练习，如图 3-6 所示。

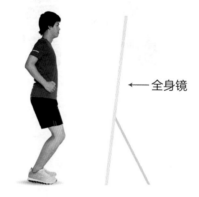

← 全身镜

图 3-6 全身镜前的原地跑步练习

你只需面对全身镜站立，抬头挺胸、腰背挺直，深呼吸一口气以放松身体。然后微微弯曲两腿，让它们看起来呈 S 型。同时放松肩膀，双臂弯曲呈 90 度，双臂的位置应始终摆放在腰部和胸部之间。双眼直视全身镜，保持以上提到的基础姿势，开始轻柔且反复地进行原地跑步练习。练习时，你应该认真感受并慢慢熟悉原地跑步的感受，如前脚掌着地和脚蹬地离地时的感觉。注意：当双腿反复上下跳动时，应微微弯曲膝关节，避免伸直。

如果你想更好地纠正自己的跑步姿势，需要再去通过录像检测的方法，观察跑步过程中的姿势是否协调科学。毕竟，在静止状态与在运动状态下，身体对各个关节的掌控能力是不一样的。你可能在镜子面前做得非常好，但是当你真正在跑道上跑步时或者跑了一段时间后，由于疲劳等，跑姿会出现变形。而且有些小的细节问题，只能在跑步过程中出现。

如何轻松检测和纠正跑姿？

通过录像检测的方法检测跑步姿势，首先，可使用手机慢动作功能，寻找朋友帮助录一段正面、侧面与背面的跑步视频。然后，根据上述知识判断跑姿是否标准。接着，把一些关节的关键点连线，判断跑步过程中关节活动是否正确。以下是常见跑姿注意点。

三步检测正面跑姿

你可以在朋友的帮助下，先录一段正面的跑步视频，然后选取前腿屈膝蹬地且单脚支撑的截图，并观察图中的三个细节。

第一步：观察两侧肩膀的高度差

图 3-7　两侧肩膀的高度差对比图

如图 3-7 所示，我们把两侧肩膀的最高点连一直线，观察两侧肩膀的高度差，从而判断该跑者在跑步中是否出现耸肩或单侧肩膀过度向前等情况。

我们为什么要检查肩膀的姿势？因为耸肩会影响摆臂的频率，影响跑步速度；而单侧肩膀过度向前，则容易导致上半身旋转幅度过大，影响跑者的加速能力。

我们该如何纠正耸肩或单侧肩膀过度向前呢？一个可操作性强且有效的方法是：在跑前进行简单的肩部放松拉伸运动。

第二步：观察膝关节与身体中线的距离

图 3-8　膝关节与身体中线的距离

如图 3-8 所示，我们把颈、胸与腰三点连成一条直线，观察该直线是否穿过两侧膝关节的中点。如果该直线与中点位置的距离较小，或者直接穿过膝关节，那就说明了跑步过程中你的身体横向移动过多，稳定性不足。

那么如何纠正身体横向移动过多的问题？你需要提高身体的核心稳定性，在你的跑步训练计划中加入适当的核心肌群力量与下肢稳定性训练，以增加身体稳定性，纠正身体横向移动过多的问题。详细的训练方法可翻阅本书第三部分的第十六章。

第三步：观察膝关节、踝关节的位置关系

图 3-9　膝关节、踝关节和髋关节的位置关系

如图 3-9 所示，我们从髋关节出发，把大腿的中线向下连接至膝关节，然后从踝关节出发，把小腿中线向上连接至膝关节。观察膝关节、踝关节和髋关节的位置关系，若三者无法位于同一直线上，越靠近身体内侧的关节，直接承受的压力越大，出现跑步损伤的概率也会越大。

那么我们该如何纠正关节向身体内侧靠近的问题呢？一个比较有效且可行的方法：强化你的臀部肌肉与大腿外侧肌肉的力量。详细的训练方法可翻阅本书第三部分的第十五章。

三步检测侧面跑姿

第一步：观察身体在跑步时是否前倾

首先，在你的耳朵、肩膀、髋关节外侧、踝关节外侧标出四个点，然后在朋友的帮助下，录一段侧面的跑步视频。

然后缓慢播放视频，观察这四个点是否在同一条稍微前倾的直线上，如图 3-10 所示。如果身体与地面垂直，那么这四点的连线是一条不会倾斜的直线，而此时脊柱与下肢直接承受的跑步冲击力会更大，致使上半身过于紧绷。而身体稍微前倾除了能够避免上半身过于紧绷之外，还能够增加向前的驱动力，以增加跑步速度。

图 3-10　跑步时身体垂直地面、身体稍微前倾对比图

　　那么如何纠正跑步时身体过于直立的问题呢？一个有效的方法是：前脚掌先着地。

　　当前脚掌先着地时，人体的重心会前移，为了保持平衡，身体会自然前倾。你在进行跑步练习时，需要记住身体前倾的感觉。

第二步：观察后腿脚后跟抬起的高度

图 3-11　后腿脚后跟抬起的高度

不同的跑步需求，脚后跟抬高的幅度略有不同。

短跑或冲刺阶段，为了在短时间内发挥最大的腿部力量与爆发力，使跑者跑得更快，此时腿的摆动幅度会变大。因而，短跑或冲刺阶段，脚后跟的高度通常会高于膝盖，更贴近臀部。如果你腿部的后摆幅度不够，可以尝试让膝盖抬得更高，增加腿的摆动幅度。同时也可加入后续热身运动章节中的后踢腿与高抬腿运动，进行纠正。

相反，长跑更注重的是效率，让跑者能够在长时间内持续高效跑步。脚后跟过高不仅意味着大腿前侧肌群用力过度，而且还会增加腿部下落的时间，不利于节省能量高效跑步。因而，长跑者的脚后跟通常会低于膝盖。如果你的脚后跟抬起过高，可以通过辅助定点跑进行纠正，如图 3-12 所示。

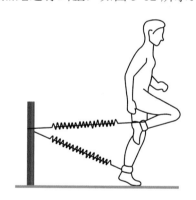

图 3-12　辅助定点跑

你把弹力带套在一根牢固的柱子上，并分别把弹力带的两端绑在两脚踝上，保持这样的状态进行原地跑步练习 20 ～ 30 步。练习时，注意观察两脚交替时支撑点转换的感觉以及如何维持身体平衡，并认真地感受脚部轻松且轻柔落地的感觉，并尝试使两脚交替时抬起的高度一致。

第三步：观察前腿大腿是否与地面平行

与脚后跟抬起高度同理，短跑或冲刺阶段为了追求速度与爆发力，膝盖会抬得更高一些，以获得更大的推动力前行，比如大腿可与地面接近平行。但对于长跑，膝盖微微抬高即可。因为在长跑中，长时间让膝盖抬得过高，不仅会消耗更多的能量，落地时也会受到更多来自地面的冲击力，更容易导致损伤。

如图 3-13 所示，我们可以通过大腿与地面的角度判断，抬腿的高度是否能够满足自己的需求。如果你抬腿幅度不够，可以通过热身运动的高抬腿运动进行纠正。相反，如果抬腿过高，可以通过腿部负重跑练习进行纠正。

图 3-13　前腿抬高的幅度

练习腿部负重跑时，你可以在双腿的脚踝上分别绑定一个沙包，然后开始跑步练习。沙包的重量会增加抬腿的负担，自然减少抬高的幅度。注意，在练习负重跑时需要认真感受腿部抬起的高度，在负重练习跑步 100 米后，解开沙包继续跑一段路，看看自己是否能保持这样的步幅。

三步检测背面跑姿

你可以在朋友的帮助下，录一段展示你背面的跑步视频，然后截取图片，进行观察。

第一步：观察两侧骨盆的高度

在图 3-14 中，选取两侧骨盆的最高点，并连成直线，观察两侧骨盆的高度差，从而判断你在跑步中是否出现骨盆过度倾斜等情况。

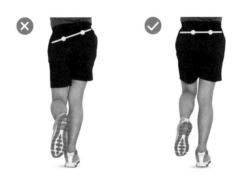

图 3-14　两侧骨盆的高度差

骨盆过度倾斜是跑步中的一个常见问题。当你臀部肌肉力量不足或疲劳时，跑步时非承重或者支撑腿的骨盆会过度倾斜，出现该侧骨盆下降的问题。此时，身体容易向两侧摇摆，导致摔倒等情况。如果你翻查马拉松比赛临近结束的影像资料，你会发现大部分跑者会出现单侧骨盆下降的问题。

那么如何解决跑步时出现的单侧骨盆下降问题呢？一个比较有效的纠正方法是：强化臀部肌肉力量。

增加臀部的肌肉力量，可以增加骨盆的控制能力，从而防止单侧骨盆下降。强化臀部肌肉力量的训练方法详见本书的防伤训练部分的内容。

第二步：观察髋关节、膝关节位置关系

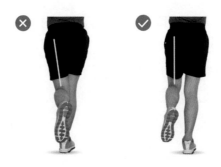

图 3-15　髋关节和膝关节的位置关系

在图 3-15 中，我们首先标记臀部中点与膝关节中点，然后把两个中点连成一直线。我们观察该直线是否垂直于地面，若没有，说明髋关节与膝关节位置不当，可能存在髋关节过度内旋或过度内收，或过度膝外翻等问题。这些问题会让你在跑步时出现下肢关节受力不均匀、稳定性不足等情况，导致关节损伤。

那么如何解决髋关节与膝关节的位置不当问题呢？比较有效的纠正方法如下。

①加入臀部的柔韧性与力量训练，增加下肢的肌力和稳定性，并解决下肢关节受力不均的问题，从而预防关节损伤。有关臀部柔韧性与力量训练的详细内容可翻阅本书的第三部分。

②原地高抬腿跑练习。

面对镜子，进行原地高抬腿跑练习。注意跑步过程中膝关节正对前方，并记住这种感觉。练习 20 ～ 30 步后，再到户外试跑 100 米。

第三步：观察支撑腿足跟外翻角度

如图 3-16 所示，把跟腱与小腿中间连线，然后把足跟与足底中心连线。如图 3-17 所示，把这两条直线延长，如果二者的

延长线相交并存在夹角 θ，那么存在足外翻或足内翻。过去的研究表明，当足外翻[①]角度大于 18 度，称为过度足外翻。过度足外翻，会使得跑步时足部两侧受力不均匀，易出现跟腱损伤或髌股关节疼痛等问题。

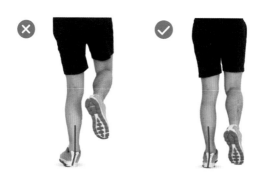

图 3-16　足跟连线

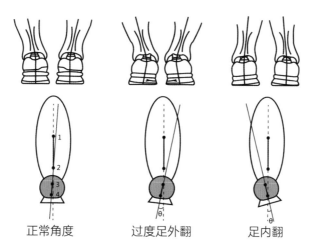

正常角度　　　过度足外翻　　　足内翻

图 3-17　判断足外翻、足内翻

---

① 足外翻，又称足旋前，指足跟接触地面后，从足部外侧转到大脚趾接触地面的足部活动。一般步行或跑步时，出现足外翻是正常的，但是外翻角度过大是需要注意的。

那么如何降低足外翻引起的运动损伤风险？比较有效的纠正方法有如下几项。

①加入专业的足部力量训练，增加足部稳定性。有关足部力量训练的详细内容可翻阅本书的第三部分。

②跑步时注意脚尖朝向正前方，可帮助减少跑步时足内翻或者足外翻的角度。

跑累了该如何调整跑姿？

人体的能量有限。尤其在长跑时，有的跑者可能在半途就跑累了。这时，身体和精神都开始松懈，你可能面临着身体不稳、步伐拖沓、摆臂迟缓无力等严重影响跑步成绩的问题。那么该如何解决这些问题呢？有两个比较简单的运动：一个是高抬腿向前跑运动，当你开始高抬腿向前跑时，注意要夸张地摆动双臂；另一个是向后踢腿跑运动，同样的，在你向后踢腿跑时，需要夸张地摆动双臂。这两个运动的重点是通过夸张的动作帮助你强化摆臂、抬腿的姿势。

另外，为了预防在跑步中途出现身体不稳、步伐拖沓、摆臂无力等问题，你应该加强核心稳定性、上下肢的力量训练以及上下肢的柔韧性训练。其中，核心稳定性的训练可以帮助你稳定核心肌群，让你更好地保持身体的稳定。上下肢的力量训练和下肢的柔韧性训练可以帮助你增加上下肢肌肉力量和下肢肌肉的柔韧性。至于如何开始这些训练，你可以参考本书第三部分的第十三章、第十四章和第十六章内容。

第四章
跑步时如何呼吸？

看到这个问题，可能有些新手跑者会说，平时怎么呼吸，跑步时就怎么呼吸呀，难道会有特定的呼吸技巧可以让我跑得更轻松不成？

确实，跑步时的呼吸方式不但会影响你的跑步成绩，还有可能与你在跑步过程中出现的岔气、腹痛、昏眩等不良反应有关。有时候，你跑得不够快、不够远，不一定是因为你的身体条件差，而是你的呼吸方法不对。低效的呼吸方法和呼吸节奏，对提高跑步成绩没有好处。例如，很多新手跑者会发现跑步过程中，非常容易出现换气过度而头晕的现象，这时总是需要停下来缓一阵子才能继续跑步，从而影响了最终的跑步成绩。那么跑者在跑步时，该如何正确且高效地呼吸呢？请看下面的内容介绍。

哪种呼吸方法对跑步更有利？

在了解跑步的呼吸方法之前，我们需要先来了解人体呼吸的原理。人体呼吸气体，主要是依靠增加胸腔空间和容量，形成身体内外的压力差，完成身体内外的空气交流。根据物理原理，空气会从压强高的区域移动到压强低的区域。也就是说，这种压力差，会使得空气被吸入或呼出体内，达到呼吸的效果。

其中，人体的呼吸方法，即是增加胸腔的空间和容量的方法，通常可分为两种：胸式呼吸与腹式呼吸。

　　胸式呼吸，指主要依靠肋间肌肉上举肋骨，扩大胸廓，形成身体内外压力差，将空气吸入肺部，如图 4-1 所示。因此，使用此呼吸者，在呼吸过程中，主要感觉到胸部有起伏，而非腹部，如图 4-2 所示。由于胸式呼吸的空气通常只是在肺部上 1/3 处进出，呼吸较浅，也被称为浅呼吸。正因为呼吸较浅，能够快速换气，方法相对简单。在剧烈运动或是急重病患者需要大量空气短时间内进出时，通常使用的是胸式呼吸。

图 4-1　胸式呼吸的表现一

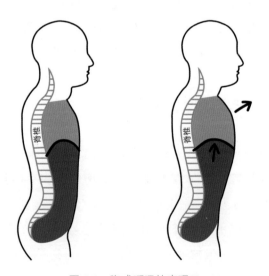

图 4-2　胸式呼吸的表现二

腹式呼吸，指主要通过膈肌（横膈膜）下压使胸腔扩大，形成身体内外压力差，将空气吸入肺部，如图4-3所示。因此，使用此呼吸者，主要感觉到腹部有起伏，而非胸部，如图4-4所示。由于通过膈肌下压吸入空气，空气能够进入肺部的位置更深，使得能够吸入的空气量也较胸式呼吸更多，但是需要的时间比胸式呼吸要长。

肋骨保持稳定，
基本不会上举

图 4-3　腹式呼吸的表现一

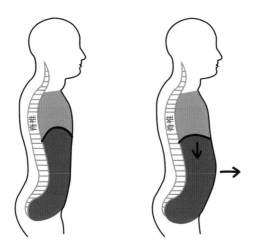

脊椎

脊椎

图 4-4　腹式呼吸的表现二

　　那么跑步时，我们应该使用的是胸式呼吸，还是腹式呼吸？推荐使用腹式呼吸。

腹式呼吸是高效呼吸的基础。

膈肌（横膈膜）是腹式呼吸主要的呼吸肌肉。腹式呼吸时，膈肌下压可以让空气到达肺部更深的位置，同时为空气提供更多的储存空间，让你可以吸入更多的空气。

空气到达肺部更深的位置，这意味着氧气输送的速度会更快，身体也能更快地产生能量。教科书《呼吸生理学》（*Respiratory Physiology*）表明，在肺上部 10% 的位置，每分钟能够输送的氧气量不足 6 毫升，而在肺下部 10% 的位置，每分钟输送的氧气量超过 40 毫升，是肺上部的 6～7 倍。选择腹式呼吸，可以让空气到达肺部更深的位置——肺下部，这使你的身体通过呼吸能更高效地产生能量，为维持一定的跑步速度甚至加速提供基础。

另外，每次吸入的空气越多，能够通过循环系统到达肌肉的氧气就越多，就越能保证跑步过程中肌肉能持续发力。在相同条件下，人体摄入和使用的氧气越多，就能协助人体供能系统燃烧更多的脂肪，为运动提供更多的能量。从而高效满足身体能量消耗需求，为长时间跑步提供充足的能量。

同时，由于腹式呼吸能够增加体内呼吸空气的容量，可帮助增强人体肺活量[①]。肺活量的提升，能够有效提高跑步成绩，跑步时也没那么容易喘了。

综上所述，你会发现，腹式呼吸是一个非常适合跑步的呼吸方法。那么胸式呼吸呢？

胸式呼吸在跑步中是一种低效的呼吸方法。

对比腹式呼吸，单次的胸式呼吸的呼吸量少并且呼吸较浅。

---

① 肺活量（Vital Capacity）是指在最大吸气后尽力呼气的气量。常用作评价人体素质的指标。一般来说，身体越强壮，它就越大。

可以理解为，它不仅每次呼入的氧气量少，呼出的二氧化碳也一样的少。在跑步过程中，这会影响身体能量的产生速度，限制跑步速度。因体内氧气不充足，也更容易导致无氧运动的出现。那么，为保证在跑步中有充足的氧气，使用胸式呼吸的跑者就不得不多次快速呼吸，但这又会浪费过多的能量在呼吸动作上。所以，胸式呼吸在跑步过程中不仅不能加速能量的产生，反而还会浪费多余的能量，是一种低效的呼吸方法。

长期习惯使用胸式呼吸，更容易出现肩背疲劳与疼痛。辅助胸式呼吸的肌肉，除了具有呼吸的功能，还有维持姿势的功能。你可以理解为，该肌肉在协助你进行胸式呼吸的同时，还需要在你保持正确标准跑姿时发力。所以，对比只有单一任务的膈肌，它们更容易疲劳，也更容易出现疼痛。而且当它们疲劳时，就有可能影响你的跑姿，增加跑步损伤的风险。

那么你是习惯腹式呼吸还是胸式呼吸呢？可以用一个方法来检查，如图 4-5 所示。

图 4-5　检查自己的呼吸方法

平躺在床上或瑜伽垫上，把你的双手轻轻放在腹部，以平时自己习惯的呼吸方式自然呼吸。如果双手上下起伏，那就说明你正在使用腹式呼吸。如果双手基本不动，反而是胸部上下起伏，那说明你过于依赖胸式呼吸了。

如何练习和培养腹式呼吸？

如果你是腹式呼吸者，那你就可以直接开始下一步，进行呼吸节奏的训练了。如果你是胸式呼吸者，那你需要先学习腹式呼吸。图4-5同时也展示了腹式呼吸的训练方法。

练习腹式呼吸时，你应该平躺在地上，保持上胸部和肩膀不动，用鼻子吸气。吸气时，请注意要鼓起腹部；用嘴巴呼气，呼气的时候腹部收缩下沉。如果觉得较难感受到腹部的起伏状态，你可以在腹部上方放一本薄薄的书，观察呼吸时书本有没有起伏。

如果你已经学会了怎么练习腹式呼吸，那么下一步就是培养腹式呼吸的习惯。只要坚持不懈，慢慢培养，最终就会养成腹式呼吸的习惯。为了养成腹式呼吸的习惯，你还可以要求自己随时随地练习腹式呼吸。例如睡觉、上下班、走路与上下楼梯时，都通过腹式呼吸的方式进行呼吸，让自己慢慢养成腹式呼吸的习惯。

当你可以很熟练且习惯性地进行腹式呼吸的时候，你可以开展呼吸节奏的训练了。

或许，有的跑者还会有疑问，在使用腹式呼吸的时候，我们是应该用嘴呼吸还是用鼻子呼吸呢？

一般情况下，长跑时，你是可以同时使用嘴和鼻子进行呼吸的。我们需要记住一点：跑步呼吸的目标是最大限度地吸入氧气与呼出二氧化碳。这样才可以高效满足身体的需求。使用鼻子呼吸虽然具有过滤与湿润空气的优点，但是由于空间问题，利用鼻子呼吸时，单次呼吸的空气量会比用嘴巴呼吸的要少得多。随着跑步速度、距离的增加，你会发现只用鼻子呼吸是不够的。而如果只是使用嘴巴呼吸，那么就浪费了鼻子的功能。所以，你可以同时使用嘴巴和鼻子进行呼吸，这并不是一个需要纠结的问题。

呼吸的节奏：韵律呼吸

呼吸的节奏，通常是指你一次吸气跑了多少步，一次呼气跑了多少步。我们较为常用的呼吸节奏是 2：2 与 3：3。

"2：2"的意思是每跑 4 步完成一次呼吸，即以两步一吸、两步一呼的节奏跑步。这种呼吸节奏可以较快向身体提供充足的氧气，多用于强度稍高的跑步运动中，如长跑。

"3：3"的意思是每跑 6 步完成一次呼吸，即以三步一吸、三步一呼的节奏跑步。在慢跑或轻松跑时，这种呼吸节奏，可直接降低呼吸次数，避免身体在呼吸次数上消耗过多的能量。如果你在跑步时出现运动性腹痛，可以尝试使用 3：3 的呼吸节奏来放松缓解。

但是，这里面存在一个问题。利用 2：2 或者 3：3 的呼吸节奏进行跑步运动时有一个共同特点，那就是：总是在同一只脚着地时开始呼气。犹他州立大学的丹尼斯·布兰布尔（Dennis Bramble）博士和戴维·卡里尔（David Carrier）博士的研究表明：当脚着地时恰好开始呼气，产生的冲击力最大。而呼气时，又会放松膈肌以及与膈肌相关的肌肉，使身体核心稳定性下降，如图 4-6 所示。如此一来，在每次开始呼气脚着地时，身体需要承受最大的跑步冲击力。也就是说，2：2或者3：3的呼吸节奏，总是让同一只脚承受最大的跑步冲击力。

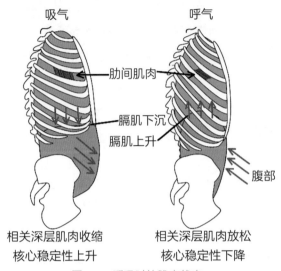

吸气　　　　　　　呼气

肋间肌肉

膈肌下沉
膈肌上升

腹部

相关深层肌肉收缩　　　相关深层肌肉放松
核心稳定性上升　　　　核心稳定性下降

图 4-6　呼吸时的肌肉状态

这份研究跟我要讲的内容有什么联系呢？

我们试着想一想，如果你每次开始呼气时总是左脚着地，总是让左脚承受最大的冲击力，长期以往，就很容易造成两侧肌肉不平衡，单侧身体磨损比另一侧更大，也就更容易出现跑步损伤。而上文提及的常用呼吸节奏2：2与3：3，是属于偶数模式的。这种呼吸模式会让你总是在同一脚着地时开始呼气，总是让同一侧的身体承受最大的跑步冲击力。

那么我们该如何避免这些情况出现？

跑步畅销书《跑步时该如何呼吸》的作者巴德·科茨（Budd Coates）和克莱尔·科瓦奇克（Claire Kowalchik）提出使用韵律呼吸的方法——以一种不同于上文提到的偶数模式，即以奇数模式如2：1和3：2的呼吸节奏，来协调足部在吸气和呼气之间的着地时间，从而让你在开始呼气时，可以左右两脚轮流着地。这样，左右两侧身体能够平均分担跑步产生的冲击力，以减少跑步损伤的风险。

但这种韵律呼吸方法的训练和操作相对困难，如果你尝试多次仍无法成功，也不必执着。即使使用自然的呼吸方式，加上腹式呼吸也可以起到预防跑步损伤的目的。

如何协调呼吸与步调节奏？

既然知道了2∶1和3∶2这些奇数模式的呼吸节奏可以降低跑步损伤的风险，那么为了预防跑步伤痛，你可以学习这些奇数模式，重新协调呼吸与步调的节奏。那么该如何练习这些呼吸节奏呢？

练习这些呼吸节奏时，你可以从较轻松的3∶2模式开始，即每三步吸气一次，每两步呼气一次。

刚开始，你可以在瑜伽垫或床上进行模拟练习。

①仰卧，躺在瑜伽垫上或床上，屈膝呈90度，双脚平放在地面上。

②双手置于腹部，确保你正在做腹式呼吸。

③注意用鼻子吸气，嘴巴呼气。

④吸气时，在心里默念"吸—2—3"，当数到3后转为呼气；然后继续在心里默数"呼—2"，当数到2后转为吸气。比如，"吸—2—3""呼—2""吸—2—3""呼—2"，以此类推。

⑤注意，并不是在数到3的时候才开始呼吸，而是在数到3的期间持续吸气，并在第二次数到2时持续呼气。

⑥一旦开始适应吸气、呼气的模式，你就可以加上脚的动作，

让脚轻叩地面模仿走路的步子，并以 3 ： 2 的节奏呼吸。

当你熟练掌握 3 ： 2 模式时，就可以试着在走路的时候使用这种呼吸模式，每走三步吸气一次，每走两步呼气一次。你会注意到，这种呼吸模式会让呼气轮流在两脚着地的时刻开始。然后，在跑步时尝试 3 ： 2 的韵律呼吸。

另外，在练习韵律呼吸时，需注意以下事项：

呼吸不能停顿，需要持续呼吸。

如果在三个完整的步伐里保持吸气的动作有点困难，那可以尝试加快步伐。

练习过程中不要听音乐，音乐的节拍会分散你的注意力。

如何根据跑步强度调整呼吸节奏？

当然，同一个呼吸节奏可能并不同时适用于慢跑和快跑。跑步时，为了提高跑步成绩和预防跑步伤痛，呼吸节奏应该根据跑步的强度来进行调整。不同强度的跑步训练具有不同的呼吸节奏。例如，3 ： 2 的呼吸节奏是比较适合轻松跑到中等强度的跑步训练，但如果你进行短跑或上山跑等强度比较大的跑步训练，会需要比平时更多的氧气。此时，3 ： 2 的呼吸节奏就未必能满足你的需求了。当它不能满足需求时，你就很容易出现过度换气、喘气等情况。

这个时候我们该怎么办呢？

根据跑步强度及时调整呼吸节奏，以满足身体的需求。跑步畅销书《跑步时该如何呼吸》的作者巴德·科茨和克莱尔·科瓦奇克通过几年的韵律呼吸强度研究，并参考了冈纳·博格（Gunnar Borg）博士的"博格自感劳累分级量表"（Borg Rating of Perceived Exertion Scale），创建了"韵律呼吸强度量表"（表 4-2）。

"博格自感劳累分级量表"是根据跑者对训练中呼吸困难程度和疲劳感的自我评估而划分的 0 ～ 20 的等级，其中 0 表示没有活动，20 表示最大强度。如表 4-1 所示，博格量表已被巴德·科茨和克莱尔·科瓦奇克进行压缩，称为博格 CR10 量表。

表 4-1　博格 CR10 量表

博格 CR10 量表		
博格等级	CR10	强度
0 ～ 8	0 ～ 0.5	完全休息、站立等轻度活动
9 ～ 10	1 ～ 2	非常轻度的锻炼
11 ～ 12	3	轻度锻炼
13 ～ 14	4	稍稍吃力
15 ～ 16	5 ～ 6	吃力
17 ～ 18	7 ～ 8	非常吃力
19 ～ 20	9 ～ 10	最高强度，全力以赴的锻炼

表 4-2　韵律呼吸强度量表

韵律呼吸强度（RBE）量表		
RBE	强度	博格等级
51	轻松跑、慢跑，低强度	9 ～ 10
52	中等距离、长距离跑，中等强度	11 ～ 12
53	快速有氧跑，接近极限状态	13 ～ 14
31	半程马拉松及全程马拉松比赛配速（强度）	15 ～ 16
32	5 ～ 10 千米比赛配速（强度）	17 ～ 18
33	1.6 千米及间歇跑比赛配速（强度）	19
2：1：1：1	短间歇跑、加速、跑坡、比赛冲刺	20

注：RBE 的第一个数字表示呼吸节奏（2：1：1：1 除外，如 5 表示 3：2 模式，3 表示 2：1 模式），第二个数字表示这个模式内的强度水平。RBE 的 2：1：1：1 呼吸模式使用的是 2：1 模式，并配合一步一吸、一步一呼。所以运用这个呼吸模式时，你会两步一吸、一步一呼，然后一步一吸、一步一呼。在全速或者加速的短时间内，你可以不断重复这样的一个模式，获取足够的氧气支撑跑步速度。

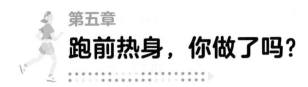

第五章

跑前热身，你做了吗？

跑前热身，是降低跑步损伤风险的重要措施之一。跑前进行充足的热身运动，可以让身体从休息状态平缓过渡到运动状态，以保证你的身体已经做好了接下来跑步运动的准备。

当你进行热身运动时，你知道你的身体会出现哪些变化吗？

（1）肌肉温度逐步增加。跑前热身不仅可以增加肌肉弹性，让其能够更高效地放松与收缩，还可以增加关节运动范围，让你的关节（如膝关节、髋关节）获得最佳灵活性。这样会有利于提高跑步的速度，同时减少肌肉拉伤的概率。

（2）血液温度逐步升高。当血液温度升高时，氧气与血红蛋白的结合率会降低。这样氧气更容易从血液中到达肌肉，提高肌肉耐力，有利于增加跑步持续时间。

（3）血管进行扩张。血管扩张可加快血流，减少心脏承受的压力。

（4）荷尔蒙出现变化。热身会增加身体的皮质醇和肾上腺素。这些激素可加快身体生产能量的过程，增强身体的反应能力，有利于快速进入跑步状态。

如何进行跑前热身？

在进行热身训练时，需要注意，每个动作应以小幅度、慢速开始，然后逐渐增大幅度与速度。否则，贸然以最快的速度与最大的幅度开始进行，会很容易出现肌肉拉伤的情况。

下面从上身热身、腰臀热身、下肢热身三个部分推荐热身训练。你可以根据自身情况，从以下三部分自由组合进行 5 ～ 10 分钟的热身训练。

上身热身两大运动

上身的热身运动主要用于打开身体的胸廓，活动肩关节和肘关节，为跑步的摆臂动作做准备，如图 5-1 和图 5-2 所示。

1. 绕肩旋转运动

图 5-1　绕肩旋转运动

动作要点：

①身体直立，双手向外侧打开成一条直线。

②保持这个姿势，双手做顺时针或逆时针旋转运动。

每组顺时针 3 圈，逆时针 3 圈，做 3 组。

练习此动作时，正确的感觉：胸廓打开，胸大肌有拉伸感，肩膀有放松感。

2. 扩胸上举运动

图 5-2　扩胸上举运动

动作要点：

①身体直立，双手打开成一条直线后手肘弯曲成 90 度。

②保持此姿势，双手的手肘同时向后夹，维持 5 秒。

③双手向上举，直至手臂伸直，右手掌心与左手掌背重叠，双手放下，结束动作。

每组 3 个，做 3 组。

练习此动作时，正确的感觉：胸廓打开，胸大肌有拉伸感，肩关节与肘关节活动度增加。

腰臀热身五大运动

1. 臀部激活

由于跑步前，大部分的跑者长时间保持坐姿，容易造成臀部肌肉的紧张，以下动作可以促进其放松，降低跑步中臀部肌肉拉伤的概率，如图 5-3 和图 5-4 所示。

（1）抱腿拉臀运动

图 5-3　抱腿拉臀运动

动作要点：

①单腿站立，腰背部直立。

②双手抱着一侧腿脚踝，并使脚尖正对前方。

③保持 2 ~ 3 秒后，换侧进行。

每组左右各 5 次，总共 2 组。

练习此动作时，正确的感觉：臀部与大腿外侧有轻度拉伸感。

（2）屈髋转腿运动

图 5-4　屈髋转腿运动

动作要点：

①腰背直立，双腿分开，比臀部稍宽，脚尖、膝关节正对前方。

②腰部前倾，屈膝下蹲，大腿与地面呈45～60度即可，做深蹲姿势。但不需要保持该动作。

③返回站立位，向正前方抬起单侧腿屈膝90度，然后膝盖向外侧旋转放下。

④重复以上动作（深蹲—大腿外侧旋转放下），左右腿交替进行。

每组左右各5次，共2组。

注意，蹲下时，膝盖与脚尖需正对前方，并且膝盖不要超过脚尖，否则会容易损伤膝关节。

练习此动作时，正确的感觉：臀部、大腿前侧有轻度疲劳感。

2. 腰部激活运动

这类动作可激活腰部核心力量，提高身体平衡与控制能力，增加跑步的稳定性，如图5-5至图5-7所示。

（1）抬腿平衡运动

图 5-5　抬腿平衡运动

动作要点：

①双手叉腰，腰背部直立，屈膝。

②一边身体前倾，一边向后伸直屈膝腿的膝关节，使得腰、臀、腿部成一直线。

每组左右各 5 次，总共 2 组。

练习此动作时，正确的感觉：腰部有微微的疲劳感。

（2）俯卧屈膝运动

图 5-6　俯卧屈膝运动

动作要点：

①双手撑地，腰臀部成一直线。

②双腿分开，脚尖撑地，呈高平板姿势。

③保持腰臀部稳定，交替屈膝。

注意屈膝时，膝关节尽可能贴近肘部。

每组左右各 5 次，总共 2 组。

练习此动作时，正确的感觉：腰部、大腿前侧有轻度疲劳感。

（3）弓步转体运动

图 5-7　弓步转体运动

动作要点：

①站立位，右腿前跨一步呈弓步，前膝屈膝 90 度，且膝盖不可超过脚尖，后膝不可贴在地面上。

②上半身先保持直立，然后上半身整体向一侧旋转。

③返回站立位，换左腿在前，重复动作。

每组左右各 5 次，共 2 组。

练习此动作时，正确的感觉：两侧腰部、腿部有轻度疲劳感。

下肢热身六大运动

在下肢热身运动中，需要重点激活的部位是，大腿前后侧肌肉、小腿后侧肌肉。

下面分为温和版与提高版热身运动，建议从温和版开始，根据自己可承受范围，逐步增加难度到提高版，如图 5-8 至图 5-13 所示。

1. 温和版

（1）抱膝踮脚尖运动

图 5-8　抱膝踮脚尖运动

动作要点：

①上半身保持挺直，单腿站立屈膝 90 度。

②双手抱膝，尽可能使得膝关节贴近胸部。

③保持平衡，踮起支撑腿脚尖。

④双腿原地交替进行。

每组左右腿各练习 5 ～ 10 个，做 3 组。

该动作锻炼的部位：髋关节与小腿后侧肌肉。

作用：提高屈髋范围，增加跑步抬腿的高度，激活小腿后侧肌肉，增加小腿的爆发力，避免跑步突然加速后出现腿部拉伤。同时由于该运动是单腿交替进行，还有利于提高身体平衡能力。

练习此动作时，正确的感觉：大腿根部有拉伸感，小腿后侧有轻度疲劳感。如果上身未保持挺直而是弯腰做动作的话，腰部可能会酸痛。

（2）站立触脚尖运动

图 5-9　站立触脚尖运动

动作要点：

①上半身保持挺直，尽可能在保持膝关节伸直的状态下抬高腿部，直到手可以触碰脚尖。

②双脚在原地交替进行。

注意：左手摸右腿脚尖，右手摸左腿脚尖。

每组 10 个，做 3 组。

该动作锻炼的部位：大腿后侧肌肉。

作用：激活大腿后侧肌肉，增强腿部跨步的能力。

练习此运动时，正确的感觉：大腿后侧有轻度拉伸感与疲劳感。如果上身未保持挺直而是弯腰做动作的话，腰部可能会酸痛。

（3）弓步走运动

图 5-10　弓步走运动

动作要点：

①上半身保持直立，双手叉腰。

②双腿成弓步，右腿前跨一步呈弓步，前膝屈膝 90 度，且膝盖不可超过脚尖，后膝不可贴在地面上。

③返回站立位，换左腿在前，重复动作。

锻炼部位：大腿前侧的肌肉、小腿后侧肌肉。

作用：活动髋关节和膝关节，增加双腿运动的协调性。

练习此动作时，正确的感觉：大腿前侧有轻度疲劳感，小腿后侧肌肉有轻度的拉伸感。

2. 提高版

（1）原地高抬腿运动

图 5-11　原地高抬腿运动

动作要点：

①上半身保持挺直，单腿抬高，与支撑腿呈 90 度，双臂同时摆动。

②双腿在原地交替进行。

每组 20 个，做 3 组。

该动作锻炼的部位：大腿前侧肌肉。

作用：原地高抬腿不仅可以让身体快速升温，还可以激活大腿前侧肌肉，加强跑者的抬腿能力与提高跑步的步频。

练习此运动时，正确的感觉：全身温度上升，呼吸稍稍加快，手臂和腿略感疲劳。如果上身未保持挺直而是弯腰做动作的话，腰部可能会酸痛。

（2）原地后踢腿运动

图 5-12 原地后踢腿运动

动作要点：

①上半身保持挺直，双腿原地交替向后踢，尽可能使脚跟贴近臀部。

②与此同时，双臂左右交替摆动。

每组 20 个，做 3 组。

该动作锻炼的部位：大腿后侧肌肉、臀部肌肉。

作用：激活大腿后侧与臀部肌肉，增强跑步加速能力与提高跑步速度。同时由于该运动伴有极度屈膝后伸的动作，可以帮助拉伸大腿前侧肌肉，缓解大腿前侧肌肉的紧张。

练习此动作时，正确的感觉：大腿后侧与臀部肌肉具有轻度疲劳感，大腿前侧有轻微拉伸感。

（3）原地踮脚尖运动

图 5-13　原地踮脚尖运动

动作要点：

①上半身保持挺直，双腿交替原地快速踮脚尖。

②与此同时，双臂左右配合摆动。

注意，速度需要从慢速开始，逐步增加。避免一下子过快，使得肌肉无法适应导致拉伤。

每组 20 个，做 3 组。

该动作锻炼的部位：小腿后侧肌肉。

作用：激活强化小腿后侧肌肉，增加踝关节灵活性。由于该运动伴有轻度屈膝的动作，还可以帮助激活大腿前侧肌肉。

练习此动作时，正确的感觉是：小腿后侧与大腿前侧肌肉具有轻度疲劳感。

常见热身问题大盘点

如何组合最适合的热身运动呢？

由于跑步过程中的重点是下肢肌肉的发力，同时为了增强躯体的稳定性，核心肌群也一样重要。热身时需要重点关注的部位是下肢与腰臀部，其次到肩背部。

因此，建议在组合热身运动时，选取 3 ～ 4 个下肢运动与腰臀部运动，配合 1 ～ 2 个上身的运动，组合成 5 ～ 10 分钟的热身训练方案。但是，如果说你的上身肌肉较为僵硬，或者跑步期间肩膀容易紧绷，那么可以在热身训练中多加一组上身热身运动。

你的热身活动做到位了吗？

热身运动时间一般为 5 ～ 10 分钟，达到身体的温度上升、轻微出汗、关节的活动灵活即可。

如果我只想慢跑 5 分钟，还需要进行热身吗？

最好还是热身。毕竟跑步时，下肢关节承受的压力大概是行走时体重的 4 ～ 8 倍。如果没有充分热身，肌肉关节一下子就承受如此大的负荷，会增加跑步损伤的风险。不过，如果只想慢跑 5 分钟，你可以缩短热身时间至 2 ～ 3 分钟，以及选取稍微简单的热身运动，让身体微微出汗即可。

热身前需要加入静态拉伸吗？

一般情况下是不需要的。大部分研究发现，对于要求力量与爆发力的运动，如举重或短跑，运动前 5 分钟进行静态拉伸会降低运动的表现与成绩。然而，如果在运动前 15 分钟左右进行静态拉伸或在后续加入热身运动，那么可能不会对运动的表现与成绩造成影响。

也就是说，如果你有充足的准备时间，也可以在运动前 15 分钟进行静态拉伸。反之，也可以只进行热身运动。毕竟，热身运动，常常被称为动态拉伸，一样具备放松肌肉的功效。

第六章

跑后拉伸，怎么做？

· ·

　　跑步结束后进行适当的拉伸，既可以预防跑步损伤，还可以促进身体恢复。

　　一方面，跑后拉伸可以让身体实现慢慢降温。如果你突然停止跑步运动后直接去坐着或躺着，你的心率和血压会快速下降易导致头晕目眩等情况，而跑后拉伸可以帮助你避免此情况的发生。

　　另一方面，跑后拉伸可以放松肌肉和关节。长时间跑步后，肌肉和关节等组织积累了较多的压力和疲劳，容易出现不同程度的紧张和僵硬感。这时进行适当的跑后拉伸运动，可以适当缓解肌肉和关节的紧张和僵硬感，恢复肌肉的柔韧性和关节灵活性，而且还可以为下次的跑步作准备。

　　接下来的内容将介绍若干个跑后拉伸动作，见图6-1至图6-9。

1. 肩部三角肌拉伸运动

图6-1　肩部三角肌拉伸运动

071

动作要点：

①右手伸直，搭在左手手肘上。

②左手带动右手向左侧牵拉，直到右侧肩膀有拉伸感。

③保持 10 ～ 30 秒后放松，换侧进行。

注意：练习此动作时，不要耸肩。

2. 胸肌拉伸运动

图 6-2　胸肌拉伸运动

动作要点：

①身体直立侧站在一面墙旁边，双脚打开与肩同宽。

②左手伸直与肩同高，然后手肘弯曲 90 度，前臂和掌心贴于墙面。

③身体保持直立微微向前倾，手臂位置不变，胸部的中部有轻微拉伸感，身体继续向前倾，拉伸感增加，以有明显的拉伸感但不会出现疼痛为宜。

④保持 10 ～ 30 秒后放松。

注意：由于胸肌的排列与构成特点，不同的抬手幅度，重点拉伸的胸肌纤维会有所不同。A 与 B 主要针对胸大肌的纤维。C 主要针对胸小肌的纤维。因而，建议大家通过调整抬起手臂的幅度，拉伸不同的纤维达到放松的效果。

3. 腰部及腘绳肌拉伸运动

图 6-3　腰部及腘绳肌拉伸

动作要点：

①双脚打开与肩同宽。

②双腿直立，身体尽量向前倾，同时双手尽量向后向上举高。

③保持姿势 10 ～ 30 秒。

④然后松开双手并向下移动，双手抓住小腿，稍稍向下拉动身体。

⑤保持姿势 10 ～ 30 秒。

⑥然后弯曲双膝，松开双手，慢慢挺直身体。

4. 直腿小腿拉伸运动

图 6-4　直腿小腿拉伸运动

动作要点：

①两腿保持前后站立。

②前腿屈膝，后腿伸直，身体往前倾，直到后腿小腿肚有拉伸感，注意后腿脚跟不可离地。

③保持拉伸姿势 10～30 秒。

④放松后交换两腿位置，重复以上动作。

5. 屈腿小腿拉伸运动

图 6-5　屈腿小腿拉伸运动

动作要点：

①两腿保持前后站立。

②缓慢弯曲两侧膝盖直到后腿小腿肚有拉伸感，屈膝时后脚跟不可离地。

③保持拉伸姿势 10～30 秒。

④放松后交换两腿位置，重复以上动作。

6. 股四头肌拉伸运动

图 6-6　股四头肌拉伸运动

动作要点：

①左腿站立，可伸出左手扶墙以保持身体平衡。

②右腿屈膝，同时向后伸出右手握住右脚踝。

③尽量向上拉脚跟以接近臀部，且尽量避免右大腿向后伸展，直到右大腿前侧有拉伸感。

④保持拉伸姿势 10 ～ 30 秒。

⑤换右腿站立，左腿屈膝做拉伸运动。

注意：如果你还不能往后抓住脚踝，可以尝试使用毛巾绕着脚踝，抓住毛巾的两端进行以上动作。

7. 髂胫束拉伸运动

图 6-7　髂胫束拉伸运动

动作要点：

①双腿并拢站立，身体右侧对着墙壁，并与墙壁相距一臂远。

②伸直右手并扶住墙壁以支撑身体，左手叉腰，同时身体往墙的方向倾斜。

③双腿保持笔直，将臀部推向墙壁。

④保持姿势 10 ～ 30 秒，换另一侧重复动作。

8. 脚趾被动伸展运动

图 6-8　脚趾被动伸展运动

动作要点：

①保持上半身直立，双膝跪地。

②弯曲脚趾支撑足部，慢慢蹲坐在脚跟上直到足底有拉伸感。

③保持 10 ～ 30 秒，返回起始位置。

注意：做此运动时上半身需保持直立，脚趾需保持弯曲。

9. 梨状肌拉伸运动

图 6-9　梨状肌拉伸运动

动作要点：

①双腿伸直坐于地面。

②直立腰背部，右腿跨过左腿并屈膝。

③左手抱右膝并向左牵拉，直到右侧臀部有拉伸感。

④保持该动作 10 ～ 30 秒。

⑤放松身体返回原位。

⑥换腿重复以上动作。

常见的跑后拉伸问题

以上拉伸运动，若单个动作保持 10 ～ 20 秒，建议练习 5
次为 1 组，做 2 组。若单个动作保持超过 20 秒，建议练习 2 次
为 1 组，做 2 组。

跑后拉伸多久最适宜？

一般情况下，跑后的拉伸时间在 3 ～ 10 分钟为宜。

跑完步立刻拉伸吗？

如果你的跑步时间超过 30 分钟，最好可以先逐渐减慢速度
至慢走（散步）2 ～ 3 分钟，让身体冷却与心率减慢后，再去进
行拉伸运动。

跑后拉伸时肌肉会痛吗？

痛感不等于拉伸感。如果你在拉伸时，出现该处肌肉的疼痛，
那么有可能是拉伸过度，或是该处肌肉有问题。拉伸时有轻度
拉伸感即可。

拉伸时，每个动作维持越久越好吗?

不是的。一般情况下，每个拉伸动作保持 10 ～ 30 秒即可。由于肌肉是弹性组织，即使拉伸保持超过 30 秒以上，拉伸结束后肌肉会返回正常的长度。而且肌肉的长度是有极限的，拉伸保持 5 分钟不见得会比拉伸保持 30 秒让肌肉放松得更多。拉伸保持时间过长反而会浪费时间。

第七章
每次跑步应该跑多久？

judging 每次跑步的时间，需从两方面的因素进行分析，一是跑步目的，二是你的身体条件。

如果从跑步目的上来看，一般可分成健康、减肥和竞技三种。

如果你跑步的目的是为了健康，只要保证每天 5 ～ 10 分钟的跑步时间足矣。一份随访 15 年的研究表明，即使你每天只花上 5 ～ 10 分钟，并且速度很慢（约 9.6 千米 / 小时，可以理解为 5 分钟跑完 800 米的速度），也会显著降低患心血管疾病或其他疾病的风险。如果你真的没有太多时间跑步，每天小跑 5 ～ 10 分钟也是足够的。

如果跑步的目的是为了减肥，会建议每天慢跑时间超过 30 分钟。因为慢跑的时间越长，消耗的卡路里就越多。而同样是慢跑一个小时，慢跑的速度越快，消耗的卡路里会越多。但是如果感觉一次跑步超过 30 分钟比较吃力，那么可以分开跑。比如一天慢跑 2 ～ 3 次，每次跑 10 ～ 15 分钟，一样会有单次跑超过 30 分钟的减肥效果。

另外，跑步减肥需要注意控制每周体重减少的量。美国疾病控制和预防中心建议，为了减肥者的健康，肥胖者应按照每周减少 1 ～ 2 磅（约 0.45 ～ 0.9 千克）体重的速度进行减肥，并注意避免过度减肥，因为过度减肥容易反弹，甚至导致减肥者出现营养不良等情况。

如果跑步的目的是为了竞技比赛，每天的跑步时间就需要根据每日的训练量、训练形式以及身体反馈出来的情况而定。同时在为竞技比赛做准备时，需要记住10%原则，即每周增加的跑量、跑速、跑步时间等数据不应该超过上周的10%。如果你当天进行速度爆发力等训练，已经比较劳累了，那么当天可以选择不增加跑步时间，甚至可以少跑一点。毕竟少跑总会比跑步过量引起运动损伤要好。

如果从身体条件来看，每次慢跑的时间可这样安排：

如果你是初跑者，身体还没有适应慢跑给肌肉骨骼带来的负荷，为了让身体慢慢适应慢跑的运动强度和预防运动损伤，可以从每天5～10分钟的慢跑开始，然后逐步递增慢跑时间至每天30分钟，甚至更久。如果慢跑5分钟仍觉得吃力，那么建议交替进行，步行—快走—慢跑，以逐渐提高跑步耐力。详细内容可见第三部分最后一章。

如果你的运动经验较多，身体结实健壮并适应跑步运动，那么可以坚持每天30分钟以上的慢跑运动。

如果是出现如足底筋膜炎、半月板损伤等跑步损伤的跑者，应该先在治疗师的指导下进行针对性的运动康复锻炼，并经过专业评估和专项训练之后再重返跑道。而且要注意，重返跑道后，刚开始跑步时应该先从每天快走—慢跑交替训练开始，若无任何不适，再逐渐递增慢跑时间。详细内容可见第四部分最后一章。

第八章
跑步时应该怎么吃喝？

$\cdots\cdots\cdots\cdots\cdots\cdots\cdots\cdots\cdots$

　　晨跑前，豆浆、油条会不会是你的早餐标配？慢跑时，你会不会担心中途喝水会导致腹痛等，影响跑步成绩？夜跑后，你会不会经常拉上三五知己吃烤串、喝啤酒？这都反映了一个跑步前后和跑步中该怎么吃喝的问题。

　　事实上，跑前、跑中和跑后的饮食情况会直接影响跑步成绩。吃得太饱，会增加消化系统的负担，甚至出现腹痛、呕吐。吃得不够，又会影响跑步能量的供给，严重时会出现因低血糖晕倒的问题。吃得不对，可能会影响跑步时的身体状态，影响跑步成绩。而摄入的水分过多或过少，会容易导致低血钠症、中暑热病的出现。所以，什么时候吃、吃多少、怎么吃这三个问题在跑步中显得尤其重要。

　　我们要知道，跑步摄入食物与水分的目的是保持充沛的体力，以最佳的状态完成当天的跑步目标。

　　而在不同的状态下跑步，食物与水分的摄入都是有区别的。下面具体介绍不同的情况该怎么挑选摄入食物和如何补充水分。

如何合理摄入膳食？

什么样的食物适合跑者摄入？

　　跑前、跑中、跑后的食物通常推荐高碳水化合物与少量蛋白质。这是因为高纤维、高脂肪与高蛋白质的食物（如蔬菜、肉类）不能直接被身体利用吸收，需要较长时间转化分解。但是碳水化合物能够通过提高肌肉组织中的糖原储备，帮助提高运动员的耐力及运动表现。有研究发现，与仅摄入碳水化合物相比，碳水化合物与蛋白质的搭配能够更好地提高运动成绩，可帮助延长糖原消耗的时间约 22.4 ～ 31.4 分钟。因而，跑步前、中、后摄入的食物，会推荐高碳水化合物与少量蛋白质。

但是对于碳水化合物，我们根据吸收利用的速度，将其分为两类：简单碳水化合物与复杂碳水化合物。简单碳水化合物主要由单糖或双糖组成，它的突出特点就是吸收快。尤其是单糖，能够省掉分解过程，直接被利用吸收。它会被快速吸收转化为大量糖类，容易在短时间内增高血糖。而身体为了维持血糖平衡与以备不时之需，就容易把多余的部分储存为脂肪。当你准备的是这一类食物，像香蕉、葡萄糖、蜂蜜、果汁、白米饭、精面粉制成的一切食物（包括面包、面条、蛋糕）等，通常建议在跑前 1 小时内与跑中超过 60 分钟时摄入（具体时间、分量见后续部分）。

复杂碳水化合物主要由多糖（淀粉、果糖、纤维素）组成，需经消化酶长时间分解为单糖后，才会被吸收利用。它分解时间长，在胃部停留的时间长，如果你摄入后很快就开始跑步，就很容易出现胃痉挛即腹痛、呕吐的情况。如果你准备的是这一类食物，像豆类、全麦、土豆、糙米、燕麦等，通常建议在跑前 2 ～ 3 小时与跑后 1 小时摄入（具体时间、分量见后续部分）。

跑前多久可以摄入食物呢？

这取决于你的跑步强度与食物总量类型。一般而言，跑步的强度越高（如上山跑），越需要快速补充能量，你应该越早摄入食物。摄入的食物越多越复杂，越需要时间消化吸收，你应该越晚开始跑步。

对于食物摄入的分量，国际运动营养学会推荐，按照常规，跑前 3 ～ 4 小时，每 1 千克体重，可摄入 1 ～ 2 克碳水化合物与 0.15 ～ 0.25 克蛋白质。也就是说，一位 60 千克的跑者，跑前 3 ～ 4 小时，可摄入 60 ～ 120 克碳水化合物与 9 ～ 15 克蛋白质。但是，由于每一个人的消化能力都不太一样，有的人消化吸收能力较好，可较快开始跑步；有的人消化吸收能力较差，需要等待更长的时间才能开始跑步。我们该如何确定自己摄入食物的最佳时间与量呢？

下面推荐一个简单的测试方法，帮助你判断在跑前多久摄入食物为最佳。

首先尝试在跑前 90 分钟摄入中等分量的食物（每 1 千克体重，摄入 1 ～ 2 克碳水化合物与 0.15 ～ 0.25 克蛋白质）。若跑步过程中没有出现呕吐、腹痛等问题，那么下一次则可以跑前 70 ～ 75 分钟摄入食物。反之，则可以跑前 105 ～ 110 分钟摄入食物，直到找到最佳的时间段。

跑步中途该不该摄入食物呢？

这得看跑步强度、时间与当时身体情况，毕竟在身体内糖原储存量是有限的。研究发现，在中度至高强度的运动中，身体内的糖原存储只可以维持 90 ～ 180 分钟。

如果单次跑步不足 1 小时，在跑步中间补充适量水分即可（水量的多少见后续内容）。

如果单次跑步时间在 60 ～ 90 分钟以内，可在跑步中间补充电解质饮料。这样既可以补充水分，也可以提供充足的能量。

如果单次跑步时间超过 90 分钟，建议每间隔 25 ～ 30 分钟，摄入 20 克碳水化合物（如能量棒）以保证肌肉储存到足够的能量。一旦你的大脑意识到能量不足，会逐渐减慢你的跑步速度，甚至出现血糖过低而晕倒等情况。

当然，如果在 1 小时内的跑步过程中，感到能量不足，也可以在其中补充 20 克碳水化合物。这都是因人而异的。

跑步后该如何摄入食物呢？

跑后摄入食物的选择会因运动目的、运动强度有所区别。

跑后摄入食物，主要是为了恢复运动中消耗的肌糖原，修复运动中造成的肌肉损伤与建立肌肉组织。其中，碳水化合物是肌糖原的主要来源。蛋白质作为肌肉的重要组成部分，能够帮助运动后肌肉的修复与建立。而且，碳水化合物与蛋白质的搭配能够以更高的速度恢复肌糖原。所以，我们最好可以同时补充碳水化合物与蛋白质。

国际运动营养学会推荐，运动后 30 分钟内，建议把碳水化合物与蛋白质按照 3 ∶ 1 或 4 ∶ 1 的比例补充，即运动后每 1 千克体重，补充 1.2 ～ 1.5 克简单碳水化合物，补充 0.3 ～ 0.5 克蛋白质。如果你的体重是 60 千克，那么可以在运动后可增加 72 ～ 90 克碳水化合物、18 ～ 30 克蛋白质。

但是，如果你跑步时间低于 60 分钟，并且有减肥的目的，那么跑后可以不再摄入食物，或者仅摄入少量复杂的碳水化合物（如粗粮）与蛋白质，让自己有饱腹感即可。

如何科学补充水分?

你会不会曾试过在跑步前喝了比较多的水,结果跑步时频频去洗手间,直接影响跑步成绩?你会不会曾试过在跑步中途喝了太多的水,结果导致跑步时虚软无力,恶心想吐?你知不知道跑后摄入合适的水分可有利于跑后的身体恢复?在整个跑步训练计划中,喝水看似只是一件日常生活中的小事,但是它却能直接影响你的身体状态,进而影响你的跑步成绩。那么在跑步前、跑步中和跑步后,你该如何科学摄入合适的水分呢?请看以下的内容介绍。

跑前多久喝水为佳?

跑前喝多少水取决于你目前的身体状态。摄入充足的水分,不仅对跑步成绩至关重要,还能预防与热有关的疾病,比如中暑。

跑前准备阶段,需要多喝水,同时避免饮用含酒精的饮品。但并不是说喝得越多越好,因为补充水分过多,容易引起低血钠症。而补充水分过少,则有出现中暑等热病的风险。跑前补充水分,不仅要考虑什么时候喝,还需考虑喝多少的问题。那么在跑步前什么时候喝水才不会影响接下来的跑步?喝多少水才能保证身体在跑前已补充足够的水分呢?可以看以下标准。

通常,对于经常锻炼的人群,或在炎热天气时,男性每天需要摄入 13 杯水,每杯水大约 226.8 毫升;而女性每天需要摄入 9 杯水,每杯水大约 226.8 毫升。

你还可以根据自己的体重来计算自己在跑前该摄入多少水分。根据美国运动医学会（ACSM）建议，在跑步前 4 小时，每 4.54 千克体重，可补充水分 29.57 毫升。也就是说，在跑步前 4 小时，每 1 千克体重，可补充水分大约 6.51 毫升。如果你的体重是 50 千克，那么你可以补充水分大约 325.5 毫升。此外，美国运动医学会还建议，跑步前 10～15 分钟，你可以补充水分 236.56～354.84 毫升。

跑前喝水时需注意，给自己预留足够的时间去洗手间，避免造成跑步中途频繁去洗手间的尴尬，并影响跑步成绩。

这时，你可能会疑惑：我怎么知道自己一定得喝水？这里有一个简单的方法：观察尿液的颜色，可以帮助你判断在跑步前自己身体的水分是否充足。

一般情况下，正常人每天至少排尿 6 次。如果体内的水分充足，那么尿液颜色接近无色状态。而尿液的颜色越深，则说明身体越需要补充水分，如图 8-1 所示。

图 8-1　从尿液颜色判断身体是否需补水

跑步中途该补充多少水分？

跑步中途补充多少水分，主要是看你出了多少汗。跑步时，特别是夏季跑步，你是否经常大汗淋漓？当你体内的水分通过汗液代谢挥发之后，你需要及时补充适当的水分以维持身体的正常机能。每个跑者的出汗量各异，需要补充水分的量不一样。有些人出汗多，有些人出汗少，而出汗多的跑者往往需要补充更多的水分。所以，我们可以通过计算自己的出汗量，来估算长跑时需要喝多少水。

如何计算出汗量？

在定时跑步训练之前称量自己的体重，然后在运动结束后擦干汗水，重新测量体重。观察体重的变化，并做以下换算。

体重每减轻 1 磅（约 0.45 千克），约等于损失大约 468.32 毫升的水。

如果在 1 小时训练内，体重减轻了 2 磅（约 0.91 千克），那么相当于损失大约 936.64 毫升的水。

因此，每 15 分钟，需要补充大约 234.16 毫升的水或运动饮料。

计算出汗量时要注意，如果天气、运动强度等条件不同，计算出的结果是不一样的。所以，你可以在另一天再做一次出汗量测试，了解不同的情况对出汗的影响。

另外，在跑步中途补充水分时要注意：

① 1 小时内不要喝超过 1 升的饮料或纯净水，以避免因补充水分过多出现的低血钠症。

②适宜小口喝水，不宜大口灌。可以在长跑时设定手表闹钟，每隔半个小时就响一次，以此提醒自己是否口渴该喝水了。不宜

熬到非常口渴时才大口灌水，预防过多水分在胃里摇晃引起跑者的恶心感和腹部不适感。同时考虑天气的影响，如果天气炎热，跑者出汗多，相对摄入的水分也较多。

③长跑时，除了喝纯净水，还可以适当饮用一些富含碳水化合物和电解质的饮料，这有助于维持跑者的能量水平和预防低血钠症。

跑后如何补充水分更有利于恢复？

跑后补充多少水分，取决于跑步过程消耗了多少水。有些跑者在夏季跑步运动后，一下子喝了大量的水，结果出现了恶心呕吐、肌肉痉挛等不良反应，不利于跑后恢复。这主要是摄入的水分过多引发低血钠症所致。跑后补充多少水分也是有规定的，跑后补充适合的水分有助于你尽快调整回到正常状态。

跑后需要补充多少水分，可以通过跑前跑后的体重对比来估算。但在跑后称量体重的时候，需要尽量把汗擦干。

美国运动医学会建议：每减少 1 磅体重（约 0.45 千克），可补充大约 585.4～702.48 毫升的水或运动饮料。

第九章
X/O 型腿、扁平足该如何跑步？

X型腿

X 型腿，通常被称为膝外翻，通常是指双腿并拢时，踝关节无法合拢的状态。由于关节的生物力学关系，X 型腿往往存在着股骨内收、内旋情况，有可能引起扁平足，如图 9-1 所示。

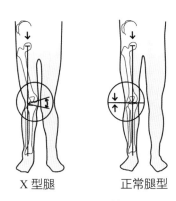

X 型腿　　　　正常腿型

图 9-1　X 型腿

正是由于下肢呈现这种异常状态，相对于正常跑者，X 型腿跑者的膝关节容易受力不均匀，膝关节外侧关节面受力过多，髌骨与股骨间的摩擦增多，长期跑步可能会增加髌骨软化，甚至有继发性骨关节炎的风险。

所以，X 型腿有可能导致跑者以后出现行走困难的情况，甚至可能要进行膝关节置换手术。尤其是有严重 X 型腿的跑者，跑步时可能会出现跑步姿势错误，进而使得膝关节内外侧受力不均匀，增加运动损伤的概率。所以热爱跑步的 X 型腿跑者，跑步前应做好矫正工作。

如果是重度 X 型腿的朋友，建议暂时不要进行马拉松等长跑活动，注意减少膝关节压力过重的运动，最好可以在专业的医生或物理治疗师的指导下进行运动。那么怎么知道自己是重度 X 型腿还是轻度 X 型腿呢？你可以通过以下方法自测。

如图 9-2 所示，保持站立位，双腿并拢，检查者测量双踝关节内侧之间的距离。

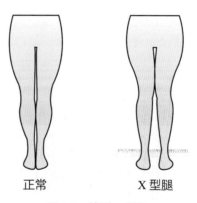

正常　　　　　　X 型腿

图 9-2　检测 X 型腿

正常时双踝关节能够并拢。如果双踝关节之间的距离越大，那么 X 型腿就越严重。双踝关节之间的距离在 3 厘米以内者为轻度 X 型腿，3～10 厘米为中度 X 型腿，超过 10 厘米为重度 X 型腿。

如何矫正 X 型腿？

调整 X 型腿，主要是让两侧膝关节可以向外分开，同时向外侧旋转使其可以正对前方，改善大腿内收内旋的状态，调整膝关节内外侧受力不平衡情况，以增加膝关节的稳定性，帮助缓解 X 型腿带来的不适。

所以，我们通常需要重点锻炼臀部与腿部肌肉群，让两个膝关节向外分开正对前方。下面介绍三种运动，如图9-3至图9-5所示。

1. 臀桥腿部伸展运动

图 9-3　臀桥腿部伸展运动

动作要点：

①仰卧屈膝，使用弹力带箍住双膝。

②抬起臀部保持支撑，抬起右腿，伸直，保持 5 秒。

③收回右腿，抬起左腿，伸直，保持 5 秒。

④收回左腿，返回起始位置。

⑤ 10 次为 1 组，每天 3 组。

2. 蚌形伸展分脚运动

图 9-4　蚌形伸展分脚运动

动作要点：

①侧卧屈膝，下方手臂置于头部下方支撑。

②稍稍抬起上方的腿与下方腿分开，同时打开上方的腿部，保持5秒。

③返回起始位置，换另一侧腿进行练习。

④10次为1组，每天3组。

注意：做此运动时盆骨不要晃动，保持正常均匀呼吸。

3. 弓步转体运动

图9-5　弓步转体运动

动作要点：

①站立位，右腿前跨一步呈弓步，前膝屈膝90度，且膝盖不可超过脚尖，后膝不可贴在地面上。

②上半身先保持直立，然后上半身整体向一侧旋转。

③返回站立位，换左腿在前，重复动作。

④10次为1组，每天3组。

注意：做此运动时保持前腿膝盖与第二个脚趾相对应；双膝保持稳定，不要左右晃动；转身时身体保持直立，不要左右晃动。同时，做以上运动时，如果疼痛度较高，可减少用力和保持时间，并在动作之间稍作休息。

另外，矫正 X 型腿也要对症下药，因为形成 X 型腿的原因有多种，包括：

①维生素 D 缺乏性佝偻病、坏血病、骨髓炎等疾病；

②膝关节有损伤史，或有骨性关节炎、类风湿性关节炎等关节疾病；

③胫骨损伤所致，例如胫骨骨折愈合不良；

④肥胖，体重过大导致步态长期畸形发展，等等。

所以，如果 X 型腿是以上原因所致，在进行以上运动矫正的同时，建议配合相对应的治疗，从根本上解决 X 型腿问题。

O 型腿

O 型腿，通常被称为膝内翻，通常是指双腿并拢时，两侧膝盖不能合拢，呈大 O 的形状，如图 9-6 所示。

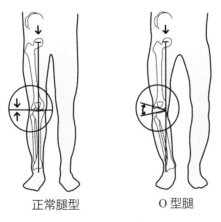

正常腿型　　　　　O 型腿

图 9-6　O 型腿

正是由于下肢呈现这种异常状态，相对于正常跑者，O 型腿跑者会把身体重量过多集中在膝关节内侧关节面上。过多的压力和摩擦，容易导致膝关节内侧软骨面磨损胫骨平台塌陷，出现骨性关节炎的情况。所以热爱跑步的 O 型腿跑者，跑步前应做好矫正工作。

如果是重度 O 型腿的朋友，建议暂时不要进行跑步等对膝关节造成高冲击力的运动，转为游泳、骑自行车等低冲击的运动。若要跑步，最好可以在专业的医生或物理治疗师的指导下进行。那么怎么知道自己是重度 O 型腿还是轻度 O 型腿呢？你可以通过以下方法自测。

如图 9-7 所示，跑者站立位，双腿并拢，检查者测量双膝关节内侧之间的距离。

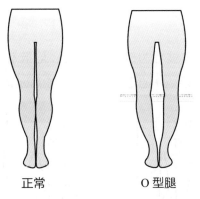

正常　　　　　　O 型腿

图 9-7　检测 O 型腿

正常时双膝关节能够并拢。如果双膝关节无法并拢，且距离越大，O 型腿就越严重。双膝关节之间的距离在 3 厘米以内者为轻度 O 型腿，3 ～ 10 厘米为中度 O 型腿，超过 10 厘米为重度 O 型腿。

如何矫正 O 型腿?

调整 O 型腿，主要是让两侧膝关节相互间可以更加靠近，同时让其向内侧旋转使其可以正对前方。

所以，我们通常需要重点锻炼内收内旋的肌肉群，让两个膝关节更加靠近；同时拉伸臀部肌肉，减少膝关节内收内旋的阻力。以下是推荐运动，如图 9-8 至图 9-12 所示。

1. 梨状肌拉伸运动

图 9-8　梨状肌拉伸运动

动作要点：

①双腿伸直坐于地面。

②直立腰背部，右腿跨过左腿并屈膝。

③左手抱右膝并向左牵拉，直到右侧臀部有拉伸感。

④保持该动作 10 ～ 30 秒，放松身体返回原位。

⑤左腿重复以上动作。

⑥ 10 次为 1 组，每天 2 组。若保持时间在 30 秒，可酌情减少动作次数。

注意：如果疼痛度较高，可减少用力，并在动作之间稍作休息。

2. 侧髋部拉伸运动

图 9-9　侧髋部拉伸运动

动作要点：

①仰卧，双腿双脚并拢。

②抬起右腿并屈膝呈 90 度。

③用左手向左侧牵拉右膝。

④保持该动作 10 ～ 30 秒，放松身体返回原位。

⑤左腿重复以上动作。

⑥ 10 次为 1 组，每天 3 组。若保持时间在 30 秒，可酌情减少动作次数。

注意：如果疼痛度较高，可减少用力，并在动作之间稍作休息。

3. 仰卧桥形夹球运动

图 9-10　仰卧桥形夹球运动

动作要点：

①仰卧屈膝，膝盖分开与髋关节同宽。

②在两腿（膝盖）之间放置球。

③两臂置于身体两侧紧贴地面，掌心向下。

④放松肩膀，收腹。

⑤抬起臀部使身体成桥形。

⑥双膝用力向内挤压球。

⑦保持该动作 5 秒，放松身体返回原位。

⑧ 10 次为 1 组，每天 3 组。

练习此动作时，需注意：

①球可用枕头代替。

②速度要均匀，由腹部带动，从臀部至背部逐渐向上抬升。

注意：如果疼痛度较高，可减少用力和保持时间，并在动作之间稍作休息。

4. 髂腰肌拉伸运动

图 9-11　髂腰肌拉伸运动

动作要点：

①单膝跪地，脚背铺平地面，两膝均弯曲呈 90 度。

②直立上半身，重心前移直到臀部有拉伸感。

③保持该动作 10 ～ 30 秒，放松身体返回原位。

④换腿重复以上动作。

⑤ 10 次为 1 组，每天 3 组。若保持时间在 30 秒，可酌情减少动作次数。

注意：练习此动作时，如果疼痛度较高，可减少用力和保持时间，并在动作之间稍作休息。

5. 卧腿外展运动

图 9-12 卧腿外展运动

动作要点：

①侧卧在瑜伽垫上，右手肘弯曲以支撑头部。

②两侧膝关节并拢，屈膝 90 度。

③收缩腹部和臀部肌肉，慢慢抬起左脚，两膝保持并拢。

④慢慢放下左脚，返回起始位置，重复 10 次。

⑤然后换另一边重复动作。

⑥ 10 次为 1 组，每天 3 组。

当然，如果你出现 O 型腿的原因是缺钙、不良姿势（如跷二郎腿、走路外八字等）、肿瘤等，在进行以上运动矫正的同时，建议配合相对应的治疗，从根本上解决 O 型腿问题。

扁平足

扁平足是指由于某些因素使足骨形态异常、肌肉萎缩、韧

科学跑步
跑步损伤的预防与康复指南

带挛缩或慢性劳损，进而造成足纵弓塌陷或弹性消失所引起的足痛，又称为平足症、鸭仔脚。跑者中不乏扁平足者，但是有的跑者可能还不知道自己是扁平足。如想测试，可以用纸印法进行扁平足测试。（测试方法详见第一部分第二章内容）

并不是说扁平足的人就不能跑步，而是说扁平足的人跑步比足弓正常的跑者更容易出现运动损伤。因为扁平足的人足弓内侧塌陷，外侧压力升高，有足踝过度旋前的情况。

这种情况会使得小腿胫骨出现旋转，增加足踝的压力，改变膝关节的生物力学结构，增加扁平足人群在长跑时出现踝扭伤和膝关节损伤的概率。据统计，扁平足跑者比正常足弓跑者更容易出现胫骨应力综合征。同时由于足弓塌陷，长跑时，足底到前掌的区域受到的冲击力会更大，容易出现足底筋膜炎。

扁平足可以说是一块落在跑道上的大石，堵住了跑者前进，甚至稍有不慎就摔伤自己。那么只要搬开这块大石，长跑的路上必定会少些伤痛和阻碍。所以，你一定要学会扁平足跑步的正确"打开方式"。

扁平足跑步的正确打开方式

可能你坚持长跑才半年，或一个月，甚至是一个星期。但如果没有做好预防措施，由于扁平足导致运动损伤会慢慢出现和积累。扁平足的人跑步容易受伤主要是因为足踝过度旋前。只要我们能采取一些措施改善足踝过度旋前情况，可帮助扁平足跑者预防运动损伤。

1）选择扁平足专用跑鞋

扁平足专用跑鞋跟普通跑鞋不一样：

①扁平足专用跑鞋的鞋底外侧弧形拱起的位置在脚趾处，

而非足弓外侧中间，这样有助于增加内侧足弓支撑，减少足踝过度旋前。

②鞋跟较硬，很难向前弯曲，这样有助于支撑脚跟。

③鞋头的宽度要适合脚趾头，不能过挤也不能过宽。

2）除了做足平常的跑前热身和跑后拉伸，扁平足跑者要更加注重对足弓部位的拉伸，以缓解跑步过程中足弓累积的压力。以下介绍脚趾被动伸展运动，如图 9-13 所示。

图 9-13　脚趾被动伸展运动

动作要点：

①保持上半身直立，双膝跪地。

②弯曲脚趾支撑足部，慢慢蹲坐在脚跟上直到足底有拉伸感。

③保持 10 ～ 30 秒，返回起始位置。

注意：做此运动时上半身需保持直立，脚趾需保持弯曲。

3）进行专门扁平足运动康复

扁平足跑者应进行专门的扁平足康复治疗，例如运动康复。以下是常用的扁平足康复运动，这些运动可以刺激强化足底肌肉，减少足弓内侧压力。如图 9-14、图 9-15 所示。

（1）屈趾拉毛巾运动

图 9-14　屈趾拉毛巾运动

动作要点：

①赤脚直立端坐，前掌踩在毛巾上。

②脚趾不断弯曲、伸直以将毛巾拉向自己。

③每天 3 组，重复 15 次。

注意：做此运动时，身体需始终保持直立，并尽量保持脚掌原地不动。

（2）站姿矫正运动

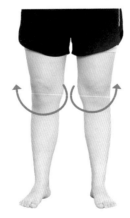

图 9-15　站姿矫正运动

动作要点：

①赤脚站立，双脚与肩同宽。

②保持脚掌贴地，收紧臀部的同时双膝向外旋转，保持 30 秒后放松。

③每天 2 组，每组重复 5 次。

注意：做此运动时，双脚紧贴地面，并收紧臀部，在有扶手的地方锻炼，以防摔倒。

另外，步行时做此运动可达到强化足弓肌肉的效果。

第十章
倾听身体的声音

医生可以通过听诊器辨别心跳的频率，以辅助诊断疾病。跑者也可以通过仔细聆听和辨识身体的变化或发出的声音，了解自己目前的身体状况，从而采取针对性的措施预防伤痛、疾病的发生或进一步恶化。

大多数跑步损伤出现前，身体会提前发出一些健康警告，如疼痛、关节弹响、有摩擦声、失眠、体重下降、食欲下降、女性跑者的生理期延期等。这些健康预警出现的目的是提示你，如果再不积极采取预防措施，将有可能导致跑步损伤或让已有的伤痛进一步加剧。

也就是说，为了预防跑步损伤或避免跑步伤痛进一步加剧，你应该学会观察或倾听身体的反应和声音，及时发现跑步损伤前身体发出的健康警告。跑步损伤发生前，人体一般会出现哪些健康预警呢？请看下面的七大健康预警介绍。

1. 你开始出现疼痛

疼痛，作为大脑对身体状况发出的信号，往往意味着身体某处承受到过多的刺激，提醒跑者需要停下来休息。

大部分的跑步损伤都不是在瞬间出现的。如果你忽略它们，并继续无所顾忌地进行跑步训练，会让身体持续受到过多的刺激，从而出现损伤。尤其是当关节处出现疼痛，比如膝、踝、肘和腕关节，由于这些关节没有被肌肉直接覆盖，出现疼痛的原因可能是肌肉以外的地方产生问题，如韧带、骨骼或肌腱。韧带、骨骼或肌腱的损伤会比肌肉损伤更加麻烦。

当你出现下列情况时，建议暂停跑步，去休息或就医：

①关节处出现疼痛，并且不能在 48 小时内缓解。

②疼痛程度轻微，但是疼痛位置出现肿胀。

③日常生活步行、上下楼梯时不会出现疼痛，但是随着跑步时间的增加，疼痛会出现并不断加重。

④除了用手轻轻按压时会出现疼痛外，其他情况基本不会出现疼痛。

⑤剧烈疼痛。

2. 你发现关节响声

疼痛并不是跑步损伤唯一的信号。你可能会注意到发生跑步损伤前或损伤时会发出声音，例如跟腱或韧带撕裂时发出的撕裂声，或者运动时关节发出频繁的摩擦弹响声。

除了疼痛以外，身体的某个部位出现弹响或撕裂等声音，同时伴随着此部位的功能下降或丧失也是判断跑步损伤的重要线索之一。例如，当踝关节扭伤时，由于韧带或肌腱撕裂的缘故，可能会伴随着较大的断裂声或者爆裂声。所以，踝关节扭伤时，除了出现疼痛症状以外，还可能伴随着韧带或肌腱撕裂的响声。有的运动员在发生踝关节扭伤时，确实听到断裂声，但踝关节却没有肿胀。这直接导致了运动员误以为扭伤不严重，但进行医疗检查时却发现韧带已经撕裂了。

如果关节仅是偶尔出现弹响声，并且这类弹响声不伴随疼痛，那么你是不需要过于在意的。这类的关节弹响声属于生理性弹响。

人体关节之所以会出现生理性弹响，主要是因为：①关节中的气体逃逸和破裂会产生响声。人体的关节内有关节液润滑关节，而这些关节液中含有氧气、氮气、二氧化碳等气体。当关节受到牵拉或者屈折时，关节液和其中的气泡受到压缩，如同我们平时开香槟时，出现"叭"的一声，气泡逃逸出来并破裂，发出弹响声。②关节摩擦会产生响声。关节活动时，关节面之间、软骨垫与关节面之间、肌腱和关节囊之间摩擦时会发出声音。

3. 你的睡眠变得紊乱

跑步训练之后，发现自己睡前辗转反侧难以入睡、睡觉时多次醒来或者醒来的时间比以往早得多。这通常是过度训练的早期征兆。睡眠是强大的自然恢复方式。在睡眠期间，身体会释放人体生长激素，帮助修复受损的肌肉组织。有研究显示，平均每晚睡眠时间少于 8 小时的运动员受伤的风险是睡眠时间超过 8 小时的运动员的 1.7 倍。

遇到这种情况，你应该及时调整自己的跑步训练计划，适当减少当下的跑步训练量，并约上三五知己外出骑车散步放松一下。

4. 你的双腿变得沉重

如果有段时间你发现双腿像灌铅一样沉重、无力，那么你可能正在面临三个问题：①身体摄入的能量不足；②跑量过大，身体无法适应；③跑后休息时间不够。

如果你摄入的能量不足，那么这会影响你的跑步持续时间的增加与跑步成绩的提高。严重情况下，会造成低血糖晕倒的情况。对此建议，跑前摄入充足的能量。国际运动营养学会推荐，按照常规，跑前 3 ～ 4 小时，每 1 千克体重，可摄入 1 ～ 2 克碳水化合物与 0.15 ～ 0.25 克蛋白质。

如果身体无法适应现阶段的过大跑量，那么这不仅会增加身体各个关节、肌肉等的负荷，容易出现关节损伤、肌肉拉伤的情况，还会增加心肺等器官的负担，严重情况下会造成呼吸困难、心跳过快、胸痛的问题。对此，建议坚持 10% 的原则。跑者每周增加的跑量、跑速、跑步时间等不应该超过上周的 10%。

如果跑后恢复时间不够，那么这会直接影响身体自然恢复的程度。休息时间不足，身体就难以充分休息，跑步过程中造成的损伤，不能充分恢复。不仅下一次跑步更容易损伤，还会影响日常工作生活的效率、状态。对此，建议每周设置 1 ～ 2 天跑步休息日。在这 1 ～ 2 天内，不跑步，去休息。

5. 你的体重极速下降

虽然跑步有助于减肥，但是体重下降得过快，往往意味着身体存在一些问题。

如果你跑步是为了能快速减肥，繁重的跑步训练和节食计划可能会导致体重快速下降，但这种快速减肥的方法可能会让你面临一些健康风险。如果你每周体重减少超过 0.9 千克，很容易出现一些问题，例如营养不良、新陈代谢减慢、免疫功能降低。所以，美国疾病控制和预防中心建议，为了跑者的健康，肥胖跑者应按照每周减少 0.45 ～ 0.9 千克体重的速度进行减脂，以避免过度减脂，出现反弹。而且体重下降时，减少的也未必是脂肪，还有可能是水分和肌肉。

如果你跑步不是为了减肥，或身体的脂肪比例较低，没有控制饮食，但是体重仍旧快速下降，那么很有可能是你跑得过多，出现过度训练的情况所致。而过度训练会扰乱人体的激素平衡，导致失去更多的是水分，而非脂肪。

6. 你出现食欲不振

正常情况下，一个健康的跑者在经过一定的跑步训练后会开始饥饿，需要补充适当的饮食以维持身体能量。随着跑步训练强度的增加，你消耗的能量也在增加，而食欲也应该随之增加。当然，剧烈而艰辛的跑步运动或比赛可能会影响食欲，导致你食欲不振，但这只是短期现象。如果你在跑步训练后出现长期的食欲不振现象，那么可能是因为你的跑步训练过度了。例如，你在马拉松比赛后，连续 3 ~ 5 天对美食都缺乏兴趣，那就要考虑过度训练综合征的可能性了。

7. 你突然厌烦跑步

人有悲欢离合，月有阴晴圆缺。每个正常的人都有属于自己的喜怒哀乐，会有心情愉悦、动力十足的时候，也会有心情烦躁、对什么都提不起兴趣的时候。对待跑步也是这样。但是，如果经常出现厌烦跑步等不良情绪，那么有可能是你的大脑正在对你近期的跑步训练做出健康判断，并提示你可能正在过度训练，应该及时调整目前的跑步训练计划。

如果你突然厌烦了跑步运动是过度训练所致，那么你可以减少跑步训练，适当休息，并适当加入一些肌肉强化锻炼。因为当你每天只专注于跑步运动，这非常容易让你只关注某一组肌肉的锻炼，而另一组肌肉却容易被忽略，这会导致你的肌力严重不平衡。肌力不平衡是导致跑步损伤的非常重要的因素之一。

如果你突然厌烦跑步，但是并没有过度训练，那么你可以加入一些新的跑步计划。例如，约上几个跑友一起跑步，为略显寂寞的跑步生活增添一些欢声笑语，或者加入一些自己感兴趣的运动，比如练瑜伽、攀岩、打篮球、冲浪等，以此增加运动的多样性，冲刷掉只有跑步运动的单调。

　　从心理学的角度来说，运动的多样性可以为跑步带来更多的空间。也就是说，如果你突然厌烦了跑步，不妨多尝试其他的运动，也不要把自己局限在跑步这一小天地里，而是应该通过跑步去结识更多的朋友。慢慢地，你会发现自己不再厌烦跑步。

第十一章
马拉松赛后如何快速恢复？

如果说平时的慢跑是一个轻松愉快的娱乐项目，那么马拉松跑步则是一场非常艰辛困难的耐力比赛。如果说跑前训练是预防运动损伤的关键，那么跑后恢复则是身体复原和进一步提升跑步成绩的必经之路。

跑马对人体的三大伤害

很多跑友容易在马拉松赛后出现跑步成绩开始停滞不前的症状，或者过度训练综合征。例如，赛后 3～7 天肌肉仍然酸痛不止、跑步比以前慢了、感冒、失眠等。这主要是因为部分跑友没有做好马拉松赛后的身体恢复工作。

我们要知道，马拉松本身即是一项对人体压力很大的运动。跑者沐浴在马拉松精神和荣誉中的同时，其肌肉、细胞、免疫系统正在遭受着大大小小的损伤。

1. 肌肉酸痛和疲劳

这是马拉松赛后最常见的运动损伤。针对马拉松运动员小腿肌肉的研究指出，强化训练和马拉松比赛都会导致炎症和肌纤维撕裂，并明显减弱马拉松赛后 14 天内的肌肉力量和耐力。所以，一般要在马拉松赛后 14 天左右，跑者的肌肉方会恢复正常肌力和耐力。

2. 细胞损伤

剧烈运动导致肌酸激酶增高，骨骼肌出现细胞损伤，肌红蛋白增加，并进入血液中，通过新陈代谢形成血尿。有研究表明，马拉松赛后，跑者的身体至少需要 7 ～ 10 天的休息时间，在比赛中造成损伤的细胞才能完全恢复。

3. 免疫力下降

马拉松赛后，不少跑者容易感冒或染上流感。这是因为剧烈运动导致免疫系统受损，增加感冒和流感感染的风险。此外，免疫系统受损也是过度训练综合征的主要原因之一。最近的研究证明，马拉松赛后的 3 天内，受损的免疫系统没得到及时的调理，易导致过度训练综合征。因此，在马拉松赛后 3 天内，跑者应尽可能地休息，并且要注意多摄入营养丰富的食物。

马拉松比赛后的恢复计划

马拉松比赛，对跑者的肌肉、细胞、免疫系统都有一定程度的损害。跑者应在跑马之后给自己保留 2 ～ 3 周的恢复时间，以慢慢恢复生理系统和训练量。在恢复期间，跑者可以采取专业的恢复措施，帮助身体快速恢复，及早返回跑道，并预防过度训练综合征的出现。

跑马结束后第 1 天

①当你跨过马拉松比赛的终点线，你应该立马更换湿透的衣服，穿上保暖的衣服，以预防感冒。

②马拉松比赛结束后，你应该及时补充能量，如香蕉、能量棒、运动饮料。

③跑完马拉松比赛后，给下肢来一下冷水浴，浸泡 15 分钟，以减轻肌肉和关节发炎的情况，缓解疲劳和疼痛。水温建议 13 ～ 18 摄氏度。但要注意，冬天的水温不宜太冷，18 摄氏度左右会比较适宜。冷水浴后，可散步半小时，以放松小腿肌肉。

跑马结束后 3 天内

①每天进行适当的拉伸放松运动，可放松大小腿、臀部、足底等部位的肌肉。详细的跑后拉伸运动内容可参阅第二部分的第六章。

②每天进行轻柔的运动按摩，可缓解肌肉酸痛。

跑马后 4 ～ 7 天

①可慢慢恢复慢跑，建议每天尝试慢跑 3.2 ～ 6.4 千米。

②每隔 1 天进行 30 ～ 40 分钟的交叉训练，例如在水中跑步、游泳或骑单车，以促进血液循环。

③针对深层组织进行运动按摩。

④每天交替进行热水浴和冷水浴（冷水和冰块混合），先热水浴，再冷水浴。每天 2 ～ 3 次，每次各 5 分钟。

⑤睡前 1 小时，做小腿泡沫滚轮练习等拉伸放松运动，并用热水泡脚 10 ～ 15 分钟，可放松小腿肌肉，并帮助入眠。

跑马后 7 ～ 14 天

①跑步 3 ～ 4 天，每天跑 6.4 ～ 9.6 千米。

②组合交叉训练：1 个简单的训练 +2 个中等难度的训练，每隔 1 天训练 1 次，每次 30 ～ 45 分钟。

跑马后 14 ～ 21 天

①开始逐渐恢复完整的跑步训练，如其间跑步 4 ～ 5 天，每天跑 6.4 ～ 12.8 千米。

②组合交叉训练：1 个简单的训练 +1 个中等的训练 +1 个重量训练，每隔 1 天训练 1 次，每次 40 ～ 50 分钟。

最后，值得跑者注意的是，马拉松比赛后的恢复期间不宜参加其他的比赛，直至马拉松赛后 6 周，或者通过治疗师的评估。如果这期间没有恢复好，跑者非常容易出现过度训练综合征。

你可能处于人生最美好的时光，年轻体壮、事业有雄心壮志、恋爱已修成正果，可能你还有某某马拉松比赛夺奖的荣誉加身，但一旦惹上了严重的跑步损伤，褪去这些光环，你只是一个在康复上争分夺秒的病人。对职业运动员来说，跑步或是一份神圣的职业；对业余跑者来说，跑步或只是一个非常自由的运动。但无论你的身份是哪个，只要你在坚持跑步，都会面临着"如何跑不伤身"的问题。尤其是业余跑者，由于缺乏专业的运动知识和科学的指导，往往是更容易出现跑步损伤。

本部分的内容则从正确的跑步姿势出发，诠释了韵律呼吸、跑步前后的科学热身和拉伸方法、跑步时间、膳食指导和跑后恢复方法对提高跑步成绩和预防跑步损伤的重要作用，并且逐一分析了 X/O 型腿、扁平足等特殊跑者该如何避免跑步损伤，教你如何捕捉身体发出的健康预警，以避免不必要的跑步损伤。这些内容将为你指明"如何跑不伤身"的正确之路，让你越跑越愉快，越跑越健康。

参考文献

[1] Morley, J.B., Decker, L.M., Dierks, T., Blanke, D., French, J.A. and Stergiou, N., 2010. Effects of varying amounts of pronation on the mediolateral ground reaction forces during barefoot versus shod running. J Appl Biomech, 26(2): 205-214.

[2] McClay, I. and Manal, K., 1998. A comparison of three-dimensional lower extremity kinematics during running between excessive pronators and normals. Clin Biomech (Bristol, Avon), 13(3): 195-203.

[3] Daley, M.A., Bramble, D.M. and Carrier, D.R., 2013. Impact Loading and Locomotor-Respiratory Coordination Significantly Influence Breathing Dynamics in Running Humans. PLOS ONE, 8(8): e70752.

[4] Lee, D.-c., Pate, R.R., Lavie, C.J., Sui, X., Church, T.S. and Blair, S.N., 2014. Leisure-Time Running Reduces All-Cause and Cardiovascular Mortality Risk. Journal of the American College of Cardiology, 64(5): 472-481.

[5] Ivy, J.L., Res, P.T., Sprague, R.C. and Widzer, M.O., 2003. Effect of a carbohydrate-protein supplement on endurance performance during exercise of varying intensity. Int J Sport Nutr Exerc Metab, 13(3): 382-395.

[6] Kerksick, C., Harvey, T., Stout, J., Campbell, B., Wilborn, C., Kreider, R., Kalman, D., Ziegenfuss, T., Lopez, H., Landis, J., Ivy, J.L. and Antonio, J.J.J.o.t.I.S.o.S.N., 2008. International Society of Sports Nutrition position stand: Nutrient timing. 5(1): 17.

[7] Tarnopolsky, M.A., Gibala, M., Jeukendrup, A.E. and Phillips, S.M., 2005. Nutritional needs of elite endurance athletes. Part I: Carbohydrate and fluid requirements. European Journal of Sport Science, 5(1): 3-14.

[8] Milewski, M.D., Skaggs, D.L., Bishop, G.A., Pace, J.L., Ibrahim, D.A., Wren, T.A. and Barzdukas, A., 2014. Chronic lack of sleep is associated with increased sports injuries in adolescent athletes. J Pediatr Orthop, 34(2): 129-133.

[9] Peck, E., Chomko, G., Gaz, D.V. and Farrell, A.M.J.C.s.m.r., 2014. The effects of stretching on performance. 13(3): 179-185.

通过对前面内容的学习，你已经知道了如何调整自己的跑步姿势，以正确的姿势去跑步。为了更有效地预防跑步损伤，除了关注跑步姿势，还需要关注自身的身体素质，例如身体的柔韧性、肌肉力量的强弱等。为什么需要关注身体素质呢？你可以试想一下，如果你的身体柔韧性很差，关节、肌肉处于比较僵硬的状态，那么以这种状态去跑步将会大大提高跑步损伤的风险。

　　身体素质包括肌肉力量、耐力、柔韧性、本体感觉等。良好的身体素质有助于你在跑步中有更好的表现，同时可以减少一些不必要的运动损伤。例如，你的下肢肌肉力量足够强大，当你跑步的时候，肌肉可以缓冲跑步带来的部分冲击力，受伤的风险就会自然降低了。我们可以通过训练提高自身的身体素质，达到不受伤的目的。有跑者就有疑问了，那什么是"防伤训练"，如何进行防伤训练，这些将在下文讲到。

跑步防伤训练

第十二章
什么是防伤训练？

当你在跑步的时候受伤了，你可曾想过是什么原因？引起损伤的因素很多，大致可以分为内在因素和外在因素。

损伤因素

1. 内在因素

内在因素主要是指我们自身的因素，例如：

①自身体重。肥胖的人在跑步的时候关节承受的压力比其他人多。一旦压力超过关节可承受范围，关节就容易出现磨损，引起疼痛。

②跑步技巧。跑步技巧主要是关于跑步的姿势是否正确、呼吸的方式等。例如，当你跑步存在头前倾、耸肩等不良姿势时，颈肩部肌肉压力会增加，引起肩颈不适。

③身体素质。包括肌肉力量强弱、柔韧性、耐力等。例如，肌肉作为一个天然的减震器，你的肌肉力量越强大，跑步时肌肉能够吸收的冲击力就越多，骨骼、韧带、关节的负荷会越少，也就没那么容易出现损伤。

2. 外在因素

外在因素是指自身以外的因素，例如：

①地面反作用力。在跑步过程中，我们会有一个向地面施加力的蹬地动作。与此同时，地面会随即反向对我们施加相同的力量。这种地面向我们反向施加的力量，称为地面反作用力，它会直接传导到我们下肢各个关节上。地面反作用力越小，人体受到冲击力就越小，受到伤害的可能性就越低。

②跑步的路面情况。不同的路面上，跑步的感受是不同的。在过于柔软的地面上跑步，如沙滩，你必须消耗更多的力量去推动身体前进。而且沙滩的倾斜会让你的骨盆也出现倾斜，造成身体两侧受力不均匀，会更容易出现损伤。在不平坦的地面上跑步如山路小径，多变的路面环境会对足踝关节的控制力与身体的稳定性要求更高。当你这两种能力不足时，就很容易因为多变的路面而跌倒，出现跑步损伤。

③鞋子是否合适。跑步的人对于自己的跑鞋有执着的要求。如果跑鞋过大或过小，会增加出现黑指甲、水泡等的风险。另外，建议使用同一双鞋子跑步超过 724 ～ 885 千米后更换新的鞋子。因为长期使用的跑鞋会被磨损，而磨损后的跑鞋减震功能会下降，以致下肢各个关节受到不必要的冲击。

既然有那么多的因素会引起损伤，那么如何减少这些因素的影响呢？对于外在因素的影响，你可以选择一双合适的鞋子，在平整的塑胶跑道上跑步。对于内在因素的影响，你可以学习如何控制体重，也可以学习第二部分跑步不伤身的内容，但最重要的是提高自己的身体素质，减少跑步带来的压力与不必要的冲击力，以达到预防损伤的目的。通过各种训练，提高身体素质以减少损伤的风险，也是防伤训练的核心。

在后面的内容，我将分享一些常见的并且被推荐能有效预防跑步相关伤害的训练方法，如柔韧性训练、核心力量训练、耐力训练、上下肢力量训练、本体感觉训练、交叉训练等。

由于每个人的身体情况都不一样，你可以在开始防伤训练之前，通过简单的自我测试评估自身的优缺点，然后再选择针对性的防伤训练。

第十三章

柔韧性训练：避免越跑越僵硬

当你在跑步时发现肌肉紧绷僵硬，你是否有考虑过柔韧性问题。肌肉的柔韧性不足，通常伴有肌肉僵硬的存在。这不但可能影响肌肉的收缩长度，导致步幅过小，而且可能会引起关节的代偿，增加关节的负荷和损伤风险。

什么是柔韧性？

柔韧性，是指一个特定的关节、多关节或一组肌肉群的活动范围。简单来说，你也可以把柔韧性理解为活动范围。柔韧性是影响身体健康的一个重要因素。因为不管你进行哪一项运动，都会要求需具备一定的柔韧性，尤其是跳芭蕾舞、练瑜伽。当然，跑步也不例外，如果你下肢缺乏柔韧性，肌肉紧张僵硬，会直接影响跑步时跨步的距离、抬腿的高度等。

为什么需要训练柔韧性？

随着智能手机和平板电脑的普及，越来越多的人倾向于一种静态的生活方式，即长期久坐、缺乏运动。这意味着长时间保持一个单一姿势，或者只在小的关节活动范围内进行活动。

这样会使肌肉长期处于静止状态，进而导致具备肌肉弹性功能的胶原蛋白水平逐渐下降，取而代之的是弹性较差的纤维组织，最终造成整体柔韧性下降，即活动范围减少。当肌肉弹性下降时，跑步时肌肉拉伤的概率会更高。

如果你长期处于整体柔韧性下降的状态，我们的大脑会习惯这种状态，渐渐地会把它当成正常的状态。这样就会出现一个问题，当大脑认为"柔韧性下降"才是正常状态时，它会认为"正常的柔韧性"是一种错误的、不正常的状态。此时，如果你稍微增大活动范围，大脑会直接把它判断为不正常的状态，然后发出"疼痛"的信号去警告你不要继续进行运动。这样，我们就会因为疼痛而继续减少运动，让柔韧性进一步下降，进入"疼痛—柔韧性下降—疼痛"的恶性循环。对于经常跑步的人来说，这种柔韧性不足会让他们在准备抬高大腿进行加速时，更容易收到疼痛的信号。

另外，柔韧性不足除了会影响大脑，还会对神经造成刺激。长期柔韧性不足，意味着肌肉会变得十分僵硬。肌肉本身不是孤立的组织，它的附近会有神经组织，如图 13-1-A 所示。肌肉处于放松状态，附近的神经组织就不会受到太多的压力，如图 13-1-B 所示。肌肉处于收缩状态时，会开始对神经施加压力，如图 13-1-C 所示。当肌肉变得僵硬，无法处于放松状态，就会对神经持续性施加压力。当神经受到持续性压力时，会对神经造成损伤，表现出麻木、疼痛、无力等症状。对于经常跑步的人来说，肌肉长期柔韧性不足，会更容易造成神经上的损伤。

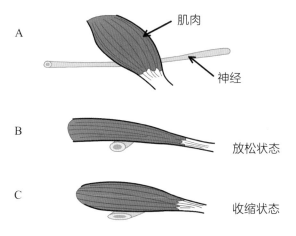

A

肌肉

神经

B

放松状态

C

收缩状态

图 13-1　肌肉的不同状态对神经的影响

　　从这些理论中，我们知道柔韧性不足、活动度下降会引起疼痛，增加跑步损伤的风险。

　　但是问题来了：所有跑者的柔韧性都比非跑者的柔韧性要好吗？柔韧性好，跑步的运动表现就会更好吗？

　　这些问题的答案没有绝对性，也不能给出明确的答案。

　　首先回答第一个问题。有证据支持跑者比非跑者的柔韧性更好。有科学家对 72 名马拉松运动员进行了研究，发现在相似的年龄、身高、体重等条件下的跑者比非跑者的柔韧性更好。

　　关于第二个问题，有研究者发现柔韧性好与跑步时的表现相关。然而有其他的研究者认为，肌肉紧绷也许并没有那么糟糕。因为缩短的肌肉会减少了肌肉的工作范围，从而使肌肉在可使用范围内以更大的力度进行收缩。随着活动范围的增大，即柔韧性的增加，实际上会需要更多的能量来保持关节的稳定，使得用于肌肉收缩的能量减少。

因此，柔韧性太好或者太差对跑步都没有好处，我们需要有最佳的柔韧性水平。然而，由于个体的差异性，关于如何确定最佳柔韧性水平是没有统一标准的。

那么如何评估你的柔韧性能力？你可以通过简单的测试评估下肢的柔韧性，例如检测小腿肌肉、髂胫束、腘绳肌、股四头肌的柔韧性，测试方法详见第一部分第二章的下肢柔韧性测试。

如果测试结果不理想，我们该怎么去训练柔韧性，降低跑步损伤的风险呢？

怎样去训练柔韧性？

训练柔韧性最好的方法是进行拉伸运动。

为什么通过拉伸增加柔韧性，能够预防跑步损伤呢？

拉伸可以通过增加肌肉血流量来降低迟发性肌肉痉挛的发生率。一项研究证明，在剧烈运动后进行拉伸可以减轻迟发性肌肉痉挛。迟发性肌肉痉挛是指运动 12～24 小时后才出现的肌肉酸痛、痉挛的症状。关于拉伸在减少损伤方面的有效性，即便现有的研究数据是不确定的，差异很大，但从文献中得到的关键信息可知，拉伸能够很好地增加柔韧性，即关节活动范围。并且，拉伸可以增加髋关节、膝关节和踝关节损伤后的活动范围。另外，拉伸有助于降低肌肉、肌腱拉伤的概率。

有大量证据表明，一些造成运动损伤的原因与肌肉紧绷、僵硬有关。对于那些健康的人来说，拉伸肯定不会引起受伤或者对运动表现造成任何不良影响。

科学跑步 跑步损伤的预防与康复指南

什么是拉伸？

广泛意义上说，拉伸可以被定义为一种力。它是通过主动或者被动的方法将人体的软组织拉长，并且维持一段时间来感受软组织张力。虽然我们感觉到大部分拉伸的力作用在肌肉上，但是拉伸同样可以作用到皮肤、皮下脂肪、肌筋膜、肌腱、韧带、血管和神经等组织上。

拉伸不是只适用于跑步，它在所有的运动项目中都适用，例如我们经常在电视上看到各种赛事的运动员做赛前拉伸。

拉伸可进一步细分为动态拉伸和静态拉伸。

什么是动态拉伸？

它是指在运动前做的拉伸运动，是通过重复性的动态动作增加活动范围，常被称为热身运动。动态拉伸的好处是使身体进行预热，使肌肉温度上升，减少肌肉和关节的僵硬，增大关节活动范围。具体动态拉伸即热身的动作，可参考第二部分第五章跑前热身的内容。

什么是静态拉伸？

静态拉伸是指通过温和而缓慢的动作，来伸展身体部位肌肉到某个固定姿势，然后持续保持一段时间，通常在跑步后进行。静态拉伸有助于放松运动后紧张的肌肉，使肌肉慢慢降温，并恢复至平静的状态。具体静态拉伸的动作可参考第二部分第六章跑后拉伸的内容。

柔韧性训练具体动作

在跑步中最常使用的肌肉位于下肢，受到最大冲击力的部位也是位于下肢。因此，下列运动方法主要是针对下肢不同肌肉的柔韧性训练，你可以根据自己在运动中的感受挑选自己需要的肌肉柔韧性训练。

下列拉伸运动，若单个动作保持 10 ～ 20 秒，建议练习 5 次为一组，做 2 组。若单个动作保持超过 20 秒，建议练习 2 次为 1 组，做 2 组。

以下是拉伸臀部肌肉的动作，如图 13-2 至图 13-4 所示，你可以三选一进行训练：

1. 仰卧拉伸臀部肌肉

图 13-2　仰卧拉伸臀部肌肉

动作要点：

①平躺，右腿屈膝，并把右脚跨过左腿，置于左膝外侧；

②左手放在右腿的膝盖处，右手伸直平放于地面；

③保持上半身不动，右侧肩膀不要离开地面；

④左手将右腿膝盖往地面方向压，同时保持骨盆不动；

⑤感觉到臀部、大腿后面的肌肉有拉伸感，保持 10 ～ 30 秒，返回起始位置；

⑥换另外一边重复动作。

2. 坐位拉伸臀部肌肉

图 13-3　坐位拉伸臀部肌肉

动作要点：

①坐位，右小腿屈右膝 90 度，并搭在左腿上；

②双手伸直尽可能地触碰左脚脚尖；

③感觉到臀部有更深层的拉伸感，保持 10 ～ 30 秒，返回起始位置；

④换另外一边重复动作。

3. 仰卧拉伸臀部肌肉

图 13-4　仰卧拉伸臀部肌肉

动作要点：

①平躺，右小腿屈膝90度，并搭在左腿上；

②双手伸直抱着左侧大腿；

③感觉到臀部有更深层的拉伸感，保持10~30秒，返回起始位置；

④换另外一边重复动作。

以下是拉伸髂腰肌肌肉的动作：

拉伸髂腰肌，即是拉伸连接腰椎、髂骨、大腿的肌肉。如图13-5所示。

图 13-5　拉伸髂腰肌

动作要点：

①上半身挺直，叉腰；

②类似弓箭步，左腿膝盖弯曲90度，右腿半跪姿成90度；

③身体重心向前移动，感受到右腿的胯部有肌肉拉伸感，保持10～30秒，返回起始位置；

④换另外一边重复动作。

以下是拉伸股四头肌肌肉的动作，如图13-6至图13-9所示。你可以四选一进行训练。

1. 站立拉伸股四头肌，即是站立拉伸大腿前面的肌肉

图 13-6 站立拉伸股四头肌

动作要点：

①站立位，上半身保持挺直；

②右腿向后屈膝，双手抓住右脚脚背，尽可能使右腿的脚跟触碰到臀部；

③感受到右侧大腿前面的肌肉有拉伸感，保持 10～30 秒，返回起始位置；

④换另外一边重复动作。

2. 俯卧拉伸股四头肌

图 13-7 俯卧拉伸股四头肌

动作要点：

①俯卧，右腿屈膝，右手抓着右脚脚背，使右腿脚跟尽可能触碰到臀部；

②感受到右侧大腿前面的肌肉有拉伸感，保持 10～30 秒，返回起始位置；

③换另外一边重复动作。

3. 侧卧拉伸股四头肌

图 13-8　侧卧拉伸股四头肌

动作要点：

①侧卧，用手抓住上方腿的脚背，使上方腿的脚跟尽可能触碰到臀部；

②感受到右侧大腿前面有肌肉拉伸感，保持 10～30 秒，返回起始位置；

③换另外一边重复动作。

4. 仰卧拉伸股四头肌

图 13-9　仰卧拉伸股四头肌

动作要点：

①坐位，上半身后仰，双手撑地，右腿向后屈膝，尽可能使右侧臀部接触到足跟，脚背碰到地面；

②感受到右侧大腿前面有肌肉拉伸感，保持 10～30 秒，返回起始位置；

③换另外一边重复动作。

以下是拉伸腹部肌肉的动作，如图 13-10 所示。

图 13-10　拉伸腹部肌肉

动作要点：

①站立位，左腿向前一步，双手伸直平行地面，紧握上举；

②双手带动身体后仰，感受到腹部、大腿内侧的肌肉有拉伸感，保持 10 ～ 30 秒；

③返回起始位置。

以下是拉伸腘绳肌、小腿三头肌的动作，你可以六选一进行训练，如图 13-11 至图 13-16 所示。

1. 坐位拉伸腘绳肌和小腿三头肌（腘绳肌位于大腿后面，小腿三头肌位于小腿后面）

图 13-11　坐位拉伸腘绳肌和小腿三头肌

动作要点：

①坐位，双腿伸直，往两侧打开；

②双腿打开一定角度后不动，上半身保持直立向前倾斜，双手可放于地面作为支撑；

③感受到大腿后面、小腿后面的肌肉有拉伸感，保持10～30秒；

④返回起始位置。

2.拉伸腘绳肌、小腿三头肌（浅层）

图 13-12　拉伸腘绳肌、小腿三头肌

动作要点：

①站立，双脚的脚板平放在地面，右腿伸直往前站一步，左腿的膝盖屈曲；

②双手放于左腿膝盖的上方，上半身挺直微微向前；

③感受到右腿大腿后面、小腿后面的肌肉有拉伸感，保持10～30秒，返回起始位置；

④换另外一边重复动作。

注意：屈膝时，膝盖不要超过脚尖。

3. 拉伸腘绳肌、小腿三头肌（深层）

图 13-13　拉伸腘绳肌、小腿三头肌

动作要点：

①站立，右脚的脚板平放在地面，屈膝，左脚伸直往前站一步，脚掌立起，脚跟放于地面；

②双手放于右腿膝盖的上方，上半身挺直微微向前；

③感受到左腿大腿后面、小腿后面的肌肉有拉伸感，保持10 ～ 30 秒，返回起始位置；

④换另外一边重复动作。

注意：屈膝时，膝盖不要超过脚尖。

4. 站立拉伸腘绳肌、小腿三头肌

图 13-14　站立拉伸腘绳肌、小腿三头肌

动作要点：

①站立，前面放一个箱子，箱子高度不超过腿的高度；

②右腿放于箱子上面，双腿保持伸直的状态；

③双手放于右腿，上半身挺直微微向前；

④感受到右腿的大腿后面的肌肉有拉伸感，保持10～30秒，返回起始位置；

⑤换另外一边重复动作。

5. 坐位拉伸腘绳肌、小腿三头肌

图 13-15　坐位拉伸腘绳肌、小腿三头肌

动作要点：

①坐位，左腿伸直，右膝弯曲后脚板与左腿的大腿内侧接触；

②双手尽量向前触碰左腿脚尖；

③感受到左腿大腿后面、小腿后面的肌肉有拉伸感，保持10～30秒，返回起始位置；

④换另外一边重复动作。

6. 仰卧拉伸腘绳肌、小腿三头肌

图 13-16　仰卧拉伸腘绳肌、小腿三头肌

动作要点：

①平躺，左腿伸直；

②右腿抬起，双手抱右侧腿部，尽可能伸直右侧膝关节；

③感受到右腿大腿后面、小腿后面的肌肉有拉伸感，保持10 ～ 30秒，返回起始位置；

④换另外一边重复动作。

以下是拉伸大腿内侧肌肉的动作，你可以三选一进行训练。如图 13-17 至图 13-19 所示。

1. 半蹲拉伸大腿内侧肌肉

图 13-17　半蹲拉伸大腿内侧肌肉

动作要点：

①站立位，双脚打开，蹲下到膝盖成 90 度，两手放于同侧的膝盖上；

②感受到两边大腿内侧的肌肉有拉伸感，保持 10 ～ 30 秒，返回起始位置。

2. 站立拉伸大腿内侧肌肉

图 13-18 站立拉伸大腿内侧肌肉

动作要点：

①站立位，双手叉腰，左腿放于一张矮凳子上，保持伸直状态；

②左腿与矮凳子的距离根据拉伸的感觉调整，凳子的距离越远，凳子的高度越高，拉伸感会越强；

③感受到左侧大腿内侧的肌肉有拉伸感，保持 10 ～ 30 秒，返回起始位置；

④换另外一边重复动作。

3. 跪位拉伸大腿内侧的肌肉

图 13-19 跪位拉伸大腿内侧肌肉

动作要点：

①四点跪位，双手屈肘，大臂与地面成 90 度，双膝与地面成 90 度；

②双手紧握掌心相对，双腿脚向外侧打开；

③感觉到大腿内侧的肌肉有拉伸感，保持 10 ～ 30 秒；

④返回起始位置。

以下是拉伸缝匠肌的动作，如图 13-20 所示。

图 13-20　拉伸缝匠肌

动作要点：

①站立位，左侧放一张低于腿部长度的椅子，左手放于椅背上；

②身体向左侧弯曲，保持双腿伸直；

③感受到大腿前面有一条斜向的肌肉有拉伸感，保持 10 ～ 30 秒，返回起始位置；

④换另外一边重复动作。

第十四章

上下肢力量训练：预防上下肢伤痛

肌肉力量不足会降低运动控制、保持关节稳定的能力，从而降低运动效率，并增加运动损伤的风险。通过力量训练增加肌肉的力量，不但可以减少肌肉收缩的时间，增加运动效率，还可以提高关节的稳定性，预防关节损伤。跑步运动主要是依靠双腿和双臂的摆动来带动我们前进，那么就需要重视上肢和下肢的力量训练。

力量训练有何作用？

肌肉力量不足是造成跑步损伤的内在危险因素。

肌肉力量不足，会增加其他部位肌肉、骨骼与韧带的压力，容易导致其被过度使用而出现损伤。跟腱损伤是常见的跑步损伤之一。跟腱是指在足跟与小腿之间的肌腱，长度约 15 厘米。我们的跑步、跳跃、行走的动作就是依靠这根跟腱，跟腱一旦完全断裂，我们将无法行走。研究表明，脚的跟腱病变的发生率增加与足底屈肌力量薄弱有很大的关系。当足底屈肌力量薄弱时，为了长时间维持跑步的动作，跟腱容易被过度使用，跟腱病变损伤的风险增加。同样的大腿肌肉力量不足与髌股关节综合征的发生率增加有关，髌股关节综合征是膝关节疼痛的一种类型，也是常见的因过度使用导致的跑步损伤。

科学跑步 跑步损伤的预防与康复指南

肌肉力量不足会减少我们对身体各个关节的控制能力，降低关节的稳定性。关节的不稳定性是许多运动损伤的危险因素之一。在跑步时，踝关节的不稳定性会影响踝关节的整体运动功能。一项研究调查了 33 个运动员的运动模式，发现踝关节不稳定的运动员会伴有更多的踝关节外旋，踝关节过多的旋转则会增加踝扭伤的风险。同样的，膝关节肌肉力量不足也会降低膝关节的稳定性，进而增加膝关节其他结构的压力，如半月板的压力。比如，膝关节肌肉力量不足会增加股骨的前后滑动，这将增加半月板的磨损和撕裂。还有髋关节作为近端关节（离躯干较近的关节），被认为是跑步时提供推动力的主要力量，它对控制下肢的力学起着直接的作用。髋关节是下肢最大的关节，当臀部力量不足时，可能会显著增加膝关节和踝关节的负荷，使膝关节、踝关节附近的韧带、肌肉和肌腱承受不正常的压力，容易引发运动损伤。由此可知力量训练带给你的好处就是可以更好地控制你的身体运动，保护各大关节。

肌肉力量训练除了能增加肌肉的力量外，还有一个容易被忽视的作用，就是可以减少肌肉收缩的时间，即能快速收缩。前面已经谈到，在跑步过程中强烈的地面反作用力会冲击人体的关节。当你的肌肉力量足够强壮，快速的移动反应时间和快速产生力的能力将有利于关节的稳定和平衡。强壮的肌肉能够有效地收缩，减少肌肉收缩的机械延迟，增加力量的产生速度，以抵消地面反作用力。另外，下肢关节的肌肉平衡对于提供正确的下肢运动生物力学至关重要。

我们现在可以得知增加肌肉力量是有益的，但是我们应该关注哪块肌肉呢？什么样的强化运动对我们是最有利的？

首先测试髋关节、膝关节、踝关节是否薄弱，以便针对薄弱的部位进行针对性的训练。

下肢力量测试

我们可以通过一些小测试观察髋关节、膝关节、踝关节的力量是否薄弱。大多数健康的人对这些测试没有太大的问题，重点在于下肢的左右对称性，看看是否有一侧感觉更困难。可以根据测试结果制定个性化的训练方案。

臀部力量测试

臀部力量测试运动，如图 14-1 至图 14-6 所示。

1. 单足站立试验

图 14-1　单足站立试验

测试动作要点：站立位，左脚抬高，观察骨盆的状态。

在正常情况下，单脚站立时，臀部肌肉收缩，对侧骨盆抬起，才能保持身体平衡。如果站立的一侧臀部肌肉无力，对侧骨盆不但不能抬起，反而下降，为单足站立试验阳性，即臀部肌肉力量不足，须加入臀部力量强化训练。

2. 蚌形伸展运动

图 14-2　蚌形伸展运动

测试动作要点：

①侧卧收腹，下方手的手臂枕于头下；

②大腿与身体呈 135 度，屈膝 90 度；

③同时缓慢抬起上方腿的膝盖，保持踝关节并拢（呈蚌形）；

④返回起始位置，换另一边重复动作。

测试标准：左右腿每组各 10 次，能够连续完成 2 组。

若无法完成，或运动后十分疲劳，说明臀部力量不足，那么你可以加入臀部肌肉的力量训练。

腿部力量测试：单腿下蹲

图 14-3　单腿下蹲

测试动作要点：站立，左脚抬起，保持上半身挺直，身体连续下蹲，返回原始位置。换另一侧重复动作。

测试标准：左右腿每组各 20 次，能够连续完成 2 组。

若无法完成，或运动后十分疲劳，说明大腿前侧肌肉的力量不足，那么你可以加入大腿前侧肌肉的力量训练。

大腿后侧力量测试

图 14-4　大腿后侧力量测试

测试动作要点：俯卧，左腿脚踝绑上弹力带，保持臀部稳定，左腿对抗阻力屈膝到 90 度以上，返回原始位置。换另一侧腿重复动作。

测试标准：左右腿每组各 20 次，能够连续完成 2 组。

若无法完成，或运动后十分疲劳，说明大腿后侧肌肉的力量不足，那么你可以加入大腿后侧肌肉的力量训练。

小腿后侧力量测试

图 14-5　小腿后侧力量测试

测试动作要点：站立位，上半身保持挺直，右脚抬高，左脚踮起脚尖，返回原始位置。另一侧腿重复动作。

测试标准：左右腿每组各 10 次，能够连续完成 2 组。

若无法完成，或运动后十分疲劳，说明小腿后侧肌肉的力量不足，那么你可以加入小腿后侧肌肉的力量训练。

单腿跳跃

向上跳跃

图 14-6　单腿跳跃

测试动作要点：站立位，上半身保持挺直，右脚抬高，左脚向上做进行连续的跳跃动作，返回原始位置。换另一侧腿重复动作。

测试标准：左右腿每组各 20 次，能够连续完成 2 组。

若无法完成，或运动后十分疲劳，说明整个下肢力量均有欠缺。

下肢力量训练

经过了上面的测试你已经知道了自己的薄弱部分。在进行下肢力量训练之前，你需要知道下肢哪些肌肉是训练的重点。下肢训练以臀大肌、臀中肌、股四头肌、腘绳肌为主。这些肌肉，在我们日常行走、跑步、上下楼梯时都会用到。训练同一块肌肉的方法有很多，我将提供几种方法供你选择。注意有些训练动作是左右两边交替做，如果你发现你左边的力量明显会弱一些，可以选择左边多做一组训练，但是右边的训练不能直接不做。

　　根据动作难度，我会把下肢运动分为两个阶段，每个阶段可训练 1～2 周。以下运动推荐一天 2～3 组，每组 15～20 次，每周 2 天，见图 14-7 至图 14-18。

阶段一：

臀部肌肉力量强化：蚌形伸展运动第一阶

图 14-7　蚌形伸展运动第一阶

动作要点：

①侧卧收腹，下方手臂枕于头下；

②屈膝 90 度，大腿与身体呈 135 度；

③抬起上面的膝盖，保持踝关节并拢（呈蚌形）；

④返回起始位置，重复以上动作。

臀部肌肉力量强化：蚌形伸展运动第二阶

图 14-8　蚌形伸展运动第二阶

动作要点：

①侧卧收腹，下方手臂枕于头下；

②屈膝 90 度，大腿与身体呈 135 度；

③踝关节并拢，并离地约 20 厘米，膝盖保持触地；

④缓慢提起上面腿的膝盖，打开到最大位置后，缓慢合拢膝盖。

注意：运动过程中需一直保持踝关节并拢离地 20 厘米与腰臀部稳定，尤其需要避免膝盖打开到最大位置时，腰臀部向后倒。

臀部及腿部肌肉力量强化：俯卧臀部伸展运动第一阶

图 14-9　俯卧臀部伸展运动第一阶

动作要点：

①俯卧，保持腹部贴着地面，挤压收紧臀部；

②单侧腿屈膝，垂直向上抬高小腿，同时保持胯部、腹部紧贴地面；

③重复 15 ～ 20 次后，返回起始位置，换另外一边重复动作。

注意：该动作主要是臀部发力，腰部基本不会发力的。

大腿前侧肌肉力量强化：坐位交替抬腿运动

图 14-10　坐位交替抬腿运动

动作要点：

①坐位，腰背部保持直立，屈膝 90 度；

②保持身体稳定，进行左右交替抬腿。

大腿后侧肌肉力量强化：坐位抗阻屈膝运动

图 14-11　坐位抗阻屈膝运动

动作要点：

①坐位，腰背部保持直立，屈膝 90 度；

②把弹力带一端系在一个固定的柱子或者物体上，另一端系在右侧脚踝上；

③保持身体稳定，右腿向后侧屈膝；

④重复 15 ～ 20 次后，换另一边脚重复以上动作。

小腿后侧肌肉力量强化：小腿后侧肌肉抗阻运动

图 14-12　小腿后侧肌肉抗阻运动

动作要点：

①坐于地板上，腰背部保持直立，双腿伸直；

②双手握住弹力带，并把弹力带一端放在右脚脚掌上固定；

③保持身体稳定，右小腿用力向前踩；

④重复 15 ～ 20 次后，换另一边腿重复以上动作。

阶段二：

臀部肌肉力量强化：蚌形伸展运动第三阶

图 14-13　蚌形伸展运动第三阶

动作要点：

①侧卧收腹，下方手臂枕于头下；

②抬高踝关节离地面约 20 厘米，膝盖保持触地；

③保持腰臀部稳定，缓慢打开上方腿膝盖；

④当膝盖抬到最高位置时，在保持腰臀部不晃动的前提下，伸直上方的腿；

⑤然后屈膝收回腿部，放下膝盖，返回起始位置。

臀部及腿部肌肉力量强化：俯卧臀部伸展运动第二阶

图 14-14　俯卧臀部伸展运动第二阶

动作要点：

①俯卧，保持腹部贴着地面；

②挤压收紧臀部，左侧膝关节弯曲 90 度；

③保持屈膝 90 度的前提下，缓慢向上抬高小腿；

④小腿抬高后，一边向后伸直膝关节，一边向下放下腿部；

⑤重复 15 ～ 20 次后，返回起始位置，换另外一边重复动作。

腿部肌肉力量强化：坐下 / 起身运动

图 14-15　坐下 / 起身运动

动作要点：

①站立位，背后放一张椅子；

②上半身挺直，收紧臀部肌肉，保持腰背部直立，进行向后坐下 / 起身的动作。

腿部肌肉力量强化：弓步稳定运动

图 14-16　弓步稳定运动

动作要点：

①站立位，双手叉腰，右脚向前迈一步，身体下蹲直至双膝呈 90 度；

②返回初始位置，换另一条腿重复动作；

注意：做动作过程中需保持身体稳定性，避免左右摇摆。

腰臀部肌肉力量强化：侧平板臀部外展

图 14-17　侧平板臀部外展

动作要点：

①侧卧，下方手屈肘 90 度撑起身体离地；

②耳朵、背部、腰部、臀部、膝盖、脚踝在同一直线上；

③保持腰部稳定，打开上方的腿，重复该动作 15 ～ 20 次；

④返回起始位置，换另一边重复动作。

腰臀部肌肉力量强化：平板支撑臀部后伸

图 14-18　平板支撑臀部后伸

动作要点：

①俯卧，双手握拳，屈肘 90 度撑地；

②双脚并拢脚尖着地，收腹，撑起身体离开地面；

③保持肩关节、髋关节、膝关节在同一条直线；

④在保持身体稳定、不晃动的前提下，右腿向上伸展；

⑤放下腿部，换另一边重复动作。

上肢力量训练

讲了下肢，现在讲讲在跑步中容易被忽略的上肢。在跑步过程中，我们的手臂主要活动是循环摆动手臂，手臂摆动也是日常生活的一部分，仔细观察你会发现在我们每次走路的时候都会无意识地摆动手臂。手臂摆动有助于维持身体的平衡，在跑步中摆臂能够大量减少身体下肢维持平衡和肌肉活动的能量消耗，从而使跑步更"经济"。也就是说，同样多的能量，如果你的跑步经济性比较好，你可以比别人跑得更快或是更远。

然而，在跑步的过程中，摆臂的作用经常被忽视。直到最近几年，研究人员才开始研究上肢对跑步成绩的影响，但仍然缺乏关于损伤预防的信息。有几项研究表明，在手臂受限的运动中，比如美式橄榄球比赛中需要球员带球跑步，跑步能力明显下降。

2017 年发表的一项研究，给了我们一些关于手臂摆动如何有助于减少伤害的见解。这项研究特别关注了下肢运动如何受到非典型手臂摆动的影响。在这项研究中，有 15 名跑步者，他们每周至少跑步一次，平均每周跑 26 千米。研究的工作人员要求跑步者将双臂交叉于胸前，或者将一只手臂固定于胸前，允许一只手臂摆动，这样使手臂动作受到限制，然后将其与正常摆动手臂的跑步进行比较，发现跑步时手臂摆动的不对称可能使跑步者更容易受到下肢损伤。这是因为手臂不对称摆动会增加躯干的旋转，而躯干旋转则会增加髋关节与膝关节的运动幅度，使跑者更容易出现损伤。另外当单臂或双臂受限时，步幅减小，步频增加，不利于跑步。

因此，手臂自然摆动可以减少下肢损伤的风险。生物力学研究表明，通过改变跑步的力学可以减轻关节承受的压力，从而减少受伤的可能性。我们上面提到过肌肉力量训练的好处，如肌肉更快地收缩，更有效地收缩等。加强上半身肌肉力量在跑步损伤预防中起着重要的作用。

另外，如果损伤的肌肉在愈合后能够更快地收缩，身体也能够更好地吸收力量。我们可以将同样的原理应用于上肢力量训练。通过加强上肢肌肉，可以提高肌肉的效率，训练它用更少的能量进行手臂的摆动。但手臂摆动的幅度太大会增加额外的能量消耗，目前，建议跑步者在跑步过程中保持手臂的自然摆动。

我们的手臂与躯干相连。任何手臂的运动都会连带躯干的运动，反之亦然。因此，加强上肢的同时不可避免地会对上部躯干进行一些训练。以下是一些加强上肢力量的运动，坚持训练可以提高跑步效率和降低受伤风险。

在进行上肢力量训练之前可以通过俯卧撑运动来检测上肢力量的强弱（见图14-19至图14-22）。

俯卧撑运动

图 14-19　俯卧撑运动

动作要点：

①跑者俯卧，双手用力支撑起身体；

②两腿向后伸展，保持腰背挺直；

③在屈肘和伸肘时，保持身体稳定不晃动。

在测试时，女跑者可连续练习 10 个俯卧撑，男跑者可连续练习 20 个俯卧撑。如果在练习的过程中出现疼痛，或者身体无法保持稳定，或者无法完成练习，那可能是你的上肢力量不足。

下文将提供一些上肢力量训练的动作。

以下运动推荐一天 2 ～ 3 组，每组 15 ～ 20 次，每周 2 天。

1. 单臂举哑铃

图 14-20　单臂举哑铃

动作要点：

①找一张椅子，俯身，一只手伸直支撑在椅子上，另一只手拿哑铃（或者可以用矿泉水瓶装满水代替），手伸直与身体垂直；

②两只脚前后站，左腿在前微弯曲，右腿在后微伸直；

③把哑铃拉近你的身体，注意完成动作的过程中身体不要旋转；

④返回起始位置，重复动作。

单臂举哑铃需要较少的核心力量来保持良好的姿态，因此不破坏正确的技术前提下，可以进行高强度的锻炼。

2. 肩背力量强化训练

图 14-21　肩背力量强化训练

动作要点：

①把弹力带系在一个固定的柱子或者物体上，高度与肩同高；

②双手抓住弹力带的两端，双手伸直与肩同高；

③弓步站立，左脚在前；

④保持你的背部中立，左手不动，右手拉着弹力带靠近身体；

⑤返回起始位置，左右交替进行。

注意：也可以把弹力带系在比肩膀低的位置，从不同的角度进行训练。

3. 肩部重力旋转

图 14-22　肩部重力旋转

动作要点：

①站立，双腿与肩同宽，双手举哑铃，双手掌心相对；

②身体向左侧旋转，左手不动，举右手的哑铃高过头顶；

③旋转回到中间，右手放下哑铃，返回起始位置；

④身体向右侧旋转，举左手的哑铃高过头顶；

⑤旋转回到中间，左手放下哑铃，返回起始位置；

⑥左右交替进行，重复以上动作。

注意：向上举时身体不要后仰，可以慢慢旋转。

第十五章
耐力训练：对抗跑步疲劳

长跑时，当旁边的跑者依然可以比较轻松地谈笑风生的时候，你会不会已经累得气喘吁吁？为什么有的跑者可以游刃有余地跑完 3 千米，而你却在跑完 1.5 千米就觉得非常疲劳，然后会出现身体摇晃不稳定、脚步拖沓等现象。而这些身体稳定性差、脚步拖沓的现象是极容易导致跑步损伤。那么如何对抗跑步过程中出现的疲劳呢？一个重要的方法是，提高耐力训练。跑者的耐力越好，对抗疲劳的能力就越强。如此，不仅能让你跑得更好，跑得更远，还能帮助你降低跑步损伤的风险。

耐力训练的重要性

耐力是指长时间进行低强度、重复性或持续性活动的能力。它能够帮助我们对抗身体疲劳，并长时间地维持力量的产生。

耐力不足往往是增加跑步中急性损伤的关键因素。在观看体育赛事的电视节目时，我们可以比较容易地留意到大部分的运动损伤往往发生在比赛临近结束的时候，比如跑步冲刺阶段突然抽筋或跌倒。这主要是因为在长时间跑步过程中，跑者的耐力会随着时间推移而不断减少，并逐渐出现疲劳感。

当我们在跑步中开始出现疲劳时，为了维持比较好的跑步速度，我们会不得不加倍努力地收缩肌肉，促使肌肉产生更多的力量。但是，正如弹簧的弹性是有限的一样，肌肉的收缩程度也是有限的。一旦肌肉的收缩程度达到了人体能承受范围的极限时，肌肉就会因为收缩负担过重而出现抽筋或损伤。

在跑步时出现疲劳，还会对关节和肌肉的控制力产生不利影响。因为随着疲劳感的出现，人体对关节和肌肉的控制力就开始下降，即意味着关节可能会出现过度活动，使得跑者容易跌倒，甚至导致关节扭伤等跑步损伤。

另外，疲劳也会引起其他部位的代偿，即意味着原本由指定肌肉完成的工作会更加依赖其他肌肉或组织去完成，从而增加了其他肌肉或组织的负荷，提高了其他肌肉或组织的跑步损伤风险。比如当我们疲劳时，容易过度摆动手臂来驱使躯干更快地旋转，以产生向前的力量，手臂就可能出现损伤。

那么我们该如何增加跑步耐力呢？主要是进行科学的耐力训练。而耐力通常包括肌肉耐力与心血管耐力两种。肌肉耐力主要是指在一段时间内，单一肌群重复收缩的能力。例如，跑步时大腿肌肉需要反复收缩促使双脚重复交替运动。心血管耐力主要是指心肺功能的耐力。我们在运动的过程中，是需要心肺源源不断地提供充足的能量与氧气的。下面，我将告诉大家如何提升自己的肌肉耐力与心血管耐力。

肌肉耐力提升训练

这里面的肌肉是指人体的骨骼肌，骨骼肌可分为 I 型和 II 型两种。

I 型骨骼肌，也被称为慢速收缩肌肉，用于较低强度的运动，如轻阻力运动和长距离的耐力有氧运动，如长跑。它的收缩时间较长，利用有氧通道获得能量，具有较高的抗疲劳能力。

II 型骨骼肌，也被称为快速收缩肌肉，利用无氧途径获得能量。因此，它能够迅速收缩，适用于追求肌肉爆发力的活动，如举重或短跑。

I 型骨骼肌的数量随着年龄的增长而增加。因此，更常见的情况是，一些年长的跑者更容易赢得耐力跑项目，而年轻的跑者往往赢得短距离跑项目。如果有关注短跑运动员和长跑运动员的体格，会发现：短跑运动员的肌肉往往比长跑运动员看上去更发达。这是一个关于不同的耐力水平所需的肌肉纤维差异的经典例子。对于长跑运动员来说，能够通过增加体内 I 型骨骼肌的数量以提高肌肉耐力。我们还可以训练 II 型骨骼肌，使其表现得更像 I 型骨骼肌，以增强耐力，这在跑步中也是至关重要的。

提高肌肉耐力训练主要是通过特定的运动诱导神经肌肉骨骼对肌肉纤维的适应，主要有以下两部分的内容。

（1）高强度间歇训练方案，如间歇性短跑训练。它可以增加 I 型骨骼肌的百分比。这种训练方案将直接刺激 I 型骨骼肌的生长，增加 I 型骨骼肌的需求，并通过神经对肌肉激活模式的适应改变 II 型骨骼肌的行为。训练骨骼肌的耐力就是在最大收缩的情况下进行大量的重复。

（2）低强度重复性训练方案。耐力训练的另一关键是肌肉在一段持续的时间内进行重复多次的低强度运动，使得肌肉持续多次收缩。

提高肌肉耐力的训练可以参考第三部分上下肢力量训练的动作，并尝试通过增加动作次数提升耐力，如由每组 15 次增加到 20 ～ 30 次。

心血管耐力提升训练

提升心血管耐力主要是提升心肌的耐力。心肌是一种只存在于心脏中的特殊肌肉，它是一种非常强大的肌肉，不产生乳酸。心脏负责不断地向全身泵血以提供能量，每一次心跳都是心脏泵血的时候。训练心肌就是让它每一次跳动更高效地工作，泵出更多的血流量。你可以测量自己的静息心率，参考范围是每分钟 60 ～ 100 次。比如你的静息心率是每分钟 80 次，那么意味着你的心脏每分钟需要跳动 80 次才能提供你全身的血流量。运动员的心肌耐力相对比较好，有可能达到静息心率 60 次。

心肌也是可以通过运动锻炼的。在剧烈的体力活动中，心率应保持在与年龄相关的最大心率的 70% ～ 85%，在中等强度体力活动中保持在与年龄相关的最大心率的 50% ～ 70%。计算与年龄相关的最大心率的一种更为常见的方法是用 220 减去这个人的年龄。例如，对一个 50 岁的人来说，与年龄相关的最高心率估计为 220 － 50= 每分钟 170 次（bpm）。50% 和 70% 的水平是：

50% 水平：170×0.50=85 bpm

70% 水平：170×0.70=119 bpm

你可以根据以下的动作进行耐力训练：

连续深蹲跳

可以在原地或者向前深蹲跳，每组 25 个，做 4 ～ 6 组，每两组之间休息 6 分钟，强度为最高心率的 50% ～ 70%。

重复爬楼梯

在楼梯跑步，以 40 个台阶为一组，完成 6 ～ 8 组，每两组之间休息 3～5 分钟，强度为最高心率的 50%～70%。

高抬腿间歇跑

可以在原地高抬腿，每组 120 次，做 5～7 组，每两组之间休息 3 分钟，强度为最高心率的 50%～70%。

注意，你可以根据自己在训练过程中的具体感受调整训练方案的组数和次数。

第十六章
核心力量训练：稳定重心避免跌倒

对于经常运动的人，可能对核心力量这个词语并不陌生。加强核心力量可以稳定你的重心，避免在跑步中跌倒。你的核心力量越强，你在跑步的表现会越好，受到伤害的风险就越小。

根据我们身体的结构，核心可以分为深层核心和浅层核心，深层核心肌肉多为一些小肌肉，浅层核心肌肉多为大肌肉。因为它们的位置和形态不同，功能也不一样。浅层核心肌肉是为了及时调动我们的身体去完成一些动作，深层核心肌肉是为了维持我们身体的姿势。具体的浅层核心跟深层核心内容会在下面的内容详细提到。

在进行核心力量训练之前，同样需要进行核心肌肉功能的测试与评估，这样才能更精准地进行核心力量训练。需要测试核心肌肉在静态和动态两种状态下的表现，并且记录好数据。测试完后，核心力量训练包括了肌肉激活、躯干稳定性训练、功能训练三个部分，具体的训练方法可以翻阅后面的内容。

核心原则

"核心"是指上躯干和下躯干之间的连接，在上半身和下半身之间传递力量。从本质上讲，"核心"可以被看作是一个盒子，前面是腹肌，后面是竖脊肌和臀肌，横膈膜是屋顶，盆底肌群是底部。如图 16-1 所示。在这个盒子里有 29 对肌肉，帮助脊柱、骨盆在运动时传递能量。

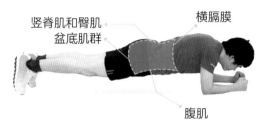

横膈膜

竖脊肌和臀肌
盆底肌群

腹肌

图 16-1　核心肌群

当核心有效工作时，各肌群的力量会被合理地分配，身体对各部位的控制能力与肌肉力量的使用情况也可以被最优化。而且，增强核心力量可以充分吸收地面冲击力，帮助减轻关节的压力。核心在脊柱运动、保持躯干和骨盆稳定中起着重要作用。为了取得最佳的跑步成绩，核心需要是坚固稳定的，这样可以避免能量在跑步中泄露。核心力量训练，能够预防跑步损伤，提高跑步成绩，对跑者损伤后的康复也是一样重要的。毕竟，稳定的核心也能够减轻损伤部位的负担，促进其高效康复。

对"核心"很多人会有一个误解，他们很容易认为核心的强大是指核心肌群肌力与耐力的强大，却忽略了核心肌群在如何运用 / 应用方面的能力。事实上，一个强大的"核心"，不仅仅是指在力量方面的强大，还包括了在不同核心肌群收缩时所用的时间、运动中的相互配合协调性与运动控制能力。也就是说，为了最大限度地发挥"核心"的功能，核心部位的 29 对肌肉在工作中，需要让肌筋膜、关节和神经相互配合协调。有研究发现，核心肌肉在时间、配合协调和运动控制方面的功能障碍，会导致下肢损伤风险增加、下腰痛出现。

为此，接下来的核心力量测试与训练，需要能够反映核心肌群的整体能力和功能，而不是简单地测试仰卧起坐数量与简单地训练平板支撑保持时间就足够了。这种简单的测试与训练通常对日常生活或跑步表现的提高没有显著的作用。而专门的核心力量测试与训练，通常会针对核心肌群的深层核心与浅层核心。因为深层核心与浅层核心在功能上会有很大的区别，二者的训练方法也不一样。

深层核心

深层核心肌肉是指位于身体内部，我们不能在皮肤表面看到或直接触碰到的肌肉。它们几乎是所有活动中的稳定器。深层核心肌肉即使在产生运动时没有显著作用，却对维持脊柱在低强度运动中的稳定性具有重要影响。可简单理解为，它们虽然在提高跑步速度方面不会有太大影响，但是对长时间维持跑步姿势，跑步中维持脊柱躯干稳定具有重要的作用。这是因为深层核心肌肉有一个很少人知道的特征，即能够在运动发生前几毫秒内进行收缩。这就是所谓的前馈机制。举个例子，当你想把一条腿抬起来跑步时，大脑会接到信息：如果把腿抬起来，身体会因重心改变而出现不稳定。因此，在抬腿前的几毫秒内，大脑提前激活深层核心肌肉，控制深层核心肌肉收缩，以稳定脊柱保持身体平衡。这种大脑在运动发生前先下保持稳定指令的机制，称为前馈机制。

有研究表明，深层核心肌肉的预激活时间可能比起核心肌肉能够产生的实际力量更重要。最近，有很多研究项目集中在这个深层核心肌肉预激活的领域，包括我自己，也在与中山大学附属第一医院的临床研究团队进行关于深层核心预激活在预防腰背疼痛上影响的研究项目。

　　已发表的研究指出，在肢体运动中力的产生、转移和控制对脊柱的稳定性，尤其是脊柱每节椎骨节段的稳定性是至关重要的。大量研究表明，薄弱的深层核心肌肉意味着不能在运动前进行预激活，或者它们需要更长的激活时间，也更加容易疲劳。你可以理解为，当真正发生运动时，如果深层核心肌肉提前激活时间缓慢，不仅会导致脊柱稳定性的下降，以致影响到对上下肢的控制，还可能会导致其他肌肉承受更多的负荷来维持脊柱稳定。这样，损伤的风险可能会因此增加。超声成像研究也表明，与健康个体相比，腰痛患者的深层核心肌肉会更加薄弱。这说明，当你的深层核心肌肉薄弱时，你可能会更容易腰部疼痛。

浅层核心

　　浅层核心，顾名思义，指的是位于身体浅层的肌肉，通常是控制身体进行运动的大肌肉。由于浅层核心肌肉体积更大，收缩的速度会比深层核心肌肉更快，并且能够产生更多的力量。在较低强度的活动中，如果深层核心激活有功能障碍，可能会让浅层核心肌肉过度收缩以维持脊柱稳定。但是，浅层核心肌肉过度收缩，会覆盖掉深层核心肌肉维持脊柱稳定的能力，以致可能被动增加脊柱压力，对脊柱的韧带和椎间盘造成潜在的伤害。

　　除了在躯干的前后都可以找到的深层核心和浅层核心，还有一个侧面的核心。侧面的部分是指躯干的后外侧并延伸至膝盖。

　　侧面的核心是运动人群中一个常见的弱点。图 16-2 说明了不同方面在实现核心稳定性功能时的作用。为了实现核心稳定性，我们需要稳定的募集收缩核心肌肉，需要训练核心肌肉的耐力与力量，训练维持姿势平衡与在动态中保持平衡的能力。这些方面缺一不可。

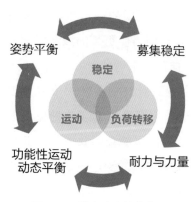

图 16-2　核心稳定性的作用

在跑步的时候，核心的收紧是必要的，以避免通过不必要的运动"泄漏"任何的能源。一个强大的浅层核心可能使躯干保持稳定，从而减少因手臂摆动和下肢角度运动而引起的不必要的过度旋转运动。

最近发表的一项关于躯干生物力学的研究提供了一些证据，证实了深层核心肌肉功能障碍可能会增加脊柱的负荷。它还可能导致肌肉代偿，并严重增加了在跑步过程中多次重复步态中受伤的风险。

如何评估核心肌肉力量？

你知道了核心的概念，那么如何评估核心肌肉力量呢？我们将描述一些经典的测试，这些测试是我自己常用的，并且在文献中有很好的记录，见图 16-3 至图 16-9。

1.屈肌力量测试

图 16-3　屈肌力量测试

动作要点：

①坐位，双腿屈膝成 90 度，上半身保持挺直；

②双手交叉放于胸前，上半身与地面成 60 度；

③维持这个动作 60 秒即为合格，如果达不到 60 秒说明你的腰腹部力量不足。

2.伸肌力量测试

图 16-4　伸肌力量测试

动作要点：

①俯卧在床上，脸朝下；

②双手交叉放于头后，抬起上半身；

③维持这个动作 60 秒即为合格，如果达不到 60 秒说明你的背部力量不足。

3. 侧平板支撑

图 16-5　侧平板支撑

动作要点：

①侧卧，用下方手肘撑起上半身；

②单脚蹬地，收紧腹部和臀部，抬起腰部使身体离开地面，保持肩关节、髋关节、膝关节在同一条直线；

③维持这个动作 60 秒即为合格，如果达不到 60 秒说明你腰部侧面的肌肉（如腰方肌）力量不足。

4. 平板支撑

图 16-6　平板支撑

动作要点：

①俯卧，双手握拳，屈肘 90 度；

②双脚并拢脚尖着地，收腹，撑起身体离开地面；

③保持肩关节、髋关节、膝关节在同一条直线；

④维持这个动作 60 秒即为合格，如果达不到 60 秒说明你的躯干力量不足。

科学跑步 跑步损伤的预防与康复指南

5. Y 平衡测试

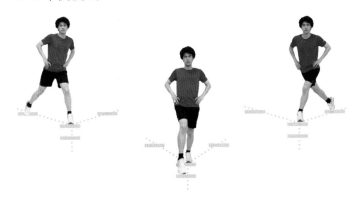

图 16-7　Y 平衡测试

　　Y 平衡测试是一个简单的可靠的测试动态平衡的方法。测试要求跑者单腿站立，用另一条腿分别在前侧、后左侧和后右侧将脚板推到最远处，分别测量三个方向的脚板与站立的脚板之间的距离。如果距离的差值等于或者大于 4 厘米，意味着动态平衡较差，下肢受伤的可能性更高。

6. 弹球测试

起始位置

图 16-8　弹球测试 A

斜 45 度向下弹回去

测量
弹起的高度

图 16-9　弹球测试 B

　　弹球测试主要用来测量核心肌肉力量的产生及其对称性。此测试可单膝跪地或双膝跪地，因为核心肌肉在这两个位置会有不同的反应，所以测试这两个位置很重要。跪姿有助于消除下肢的代偿性运动，从而使更多的重点放在核心肌肉上。

　　动作要点：

　　①单膝跪地，屈膝 90 度，此时右膝盖与左脚踝之间距离 10 厘米；

　　②双手握球，如图 16-8、图 16-9 所示，从斜上方 45 度向斜下方 45 度扔球；

　　③测量球弹起的高度，重复弹球 5 次。

　　注意：

　　①球的重量大约占体重的 3%；

　　②整个测试过程中，人保持直立姿势，不允许或者允许少量的躯干运动。

　　由弹跳的高度和躯干旋转的幅度决定测试的结果。这个测试的关键是观察躯干的稳定性和左右两侧投掷的对称性，即投掷过程中，躯干尽量保持稳定，不能摇晃，并且向左向右投掷时，球在墙上弹起的高度差应尽量控制在 10% 以内。

训练核心稳定性以预防伤害

核心稳定性训练需要遵循循序渐进的原则。通常在训练核心稳定性时，我们首先会对深层核心肌肉进行训练。这是因为深层核心和浅层核心共同收缩是非常重要的。当一个人很难激活到深层核心肌群时，那么他做核心肌群训练时，会更多地集中在浅层核心肌群的收缩，难以达到共同收缩。

正如我们前面提到的，深层核心肌群是在大的浅层核心肌群之前先被激活。因此，从局部激活深层核心肌肉开始是合乎逻辑的。深层核心肌肉激活练习有助于改善运动控制模式，增强运动时的稳定性，见图 16-10 至图 16-20。

深层核心肌肉激活

1. 腹横肌激活

图 16-10 腹横肌激活

平躺，尝试使肚脐内缩（收肚脐），使腹部微微向内凹陷。注意不是极度收腹，同时需要避免骨盆过度前倾或者后倾。

2. 多裂肌激活

多裂肌位于脊柱两旁，属于深层肌肉，有维持日常脊柱姿势的作用。

激活方法：

图 16-11　多裂肌位激活练习

坐在椅子上，上半身直立，然后向前倾约 30 度，返回起始位置，重复动作激活多裂肌。注意速度保持缓慢。

3. 练习腹式呼吸

练习时，平躺在地上，保持上胸部和肩膀不动。用鼻子吸气，吸气时，请注意要鼓起腹部；用嘴巴呼气，呼气的时候腹部收缩下沉。如果觉得较难感受到腹部的起伏状态，你可以在腹部上方放一本薄薄的书，观察呼吸时书本有没有起伏亦可。

躯干稳定性训练

当你已经学会激活深层核心肌肉，那么下一步就是把这些深层核心肌肉运用到日常的训练与跑步中，即在进行接下来的运动时，需要提前收缩深层肌肉。以卷腹运动为例，在进行卷腹前，需要首先让肚脐微微内缩（收缩腹横肌），然后保持腹横肌的收缩，抬起上半身进行卷腹。

接下来的运动推荐一天2～3组，每组15～20次，每周2天。如果需要保持30～60秒的运动，需要根据自己的情况减少单组的运动次数，避免过度疲劳损伤。也就是说，对于30～60秒的运动，每组重复1～2次也是可以的。

1. 卷腹

图 16-12　卷腹

动作要点：

①平躺，双腿膝盖弯曲90度，双手放在身体两侧；

②收下巴，保持腰部贴地，腹部发力让上半身抬离地面；

③返回起始位置，重复动作。

2. 侧平板支撑

图 16-13　侧平板支撑

动作要点：

①侧躺在垫子上，用手肘撑起上半身；

②单脚蹬地，收紧腹部和臀部，抬起腰部；

③身体离开地面并保持伸直30～60秒；

④运动过程中需保持耳朵、肩背、腰臀、膝关节、踝关节位于同一直线上。

3. 对侧支撑

图 16-14　对侧支撑

动作要点：

①四点跪位，大腿和小腿成 90 度，双手放于肩关节的正下方；

②左手抬起向正前方伸直，右腿向后伸直；

③返回原位，换右手、左腿重复动作。

4. 剪刀腿

图 16-15　剪刀腿运动

动作要点：

①仰卧屈膝，双腿分开与髋关节同宽；

②两臂置于身体两侧，掌心向下；

③收腹，放松肩膀；

④抬起右腿，并屈膝呈 90 度；

⑤放下右腿，左腿重复动作。

5. 平板支撑

图 16-16　平板支撑

动作要点：

①俯卧，双手握拳，屈肘 90 度；

②双脚并拢脚尖着地，收腹，撑起身体离开地面；

③保持肩关节、髋关节、膝关节在同一条直线；

④保持该姿势 30 ～ 60 秒。

功能训练

如果你已经完美掌握躯干稳定性训练，我们可以模拟跑步的动作进行功能性训练，更有利于掌握核心肌群的控制与身体的协调能力，提高跑步的稳定性。

接下来的运动推荐一天 2 ～ 3 组，每组 15 ～ 20 次，每周 2 天。

1. 阻力训练

图 16-17　阻力训练

动作要点：

①站立位，右腿在前，左腿绑上阻力带，左手抬起；

②模仿跑步的动作，左腿向前抬起到90度，左手放下的同时右手抬起；

③返回起始位置，换另一侧重复动作。

注意保持腹部支撑和腰椎—骨盆的稳定性，同时避免过度的骨盆前后旋转。

这个练习提供了一个类似于跑步的功能性运动模式。在腿部向前运动时，这种运动旨在增加腰椎的稳定性。

2. 踏板训练

图 16-18　踏板训练

动作要点：

①右手抬起，左腿向前面的踏板迈出一步；

②模仿跑步的动作，右腿向前抬起到90度，同时右手放下换到左手抬起；

③返回起始位置，重复动作。

增加难度可在左腿绑上阻力带。注意：运动过程中需保持腹部支撑和腰椎—骨盆的稳定性，同时避免过度的骨盆前后旋转。

3. 弓步旋转运动

图 16-19　弓步旋转运动

动作要点：

①双腿呈弓步，右腿在前；

②双手伸直，手握一个排球向右侧旋转；

③返回起始位置，换左腿在前的弓步，手握排球向左侧旋转。

注意：膝关节不能向前超过脚尖，旋转时身体需保持稳定，不要左右摇晃。进阶运动可以使用一个重的排球。

这项运动是使用躯干的阻力运动，需要高水平的腰部—骨盆和下肢稳定性。这个练习的目的是用适当的重心转移，平衡和控制一条腿来挑战躯干肌肉。

4. 阻力带转腰训练

图 16-20　阻力带转腰训练

动作要点：

①站立位，双脚与肩同宽，膝盖轻微弯曲，两侧肩胛骨微微向中间夹；

②保持手臂伸直的姿势（肘部伸展），同时抓住弹力带；

③保持手臂在胸前伸展，抵抗阻力向右侧旋转。

注意：骨盆在运动时必须保持稳定。当运动员保持髋部和骨盆的稳定时，这种带有阻力、动态的躯干模式会挑战具有旋转运动模式的核心。它要求腹部微微收紧，腰背部直立，以避免对脊柱产生不必要的扭转压力。

第十七章
本体感觉训练：增加身体的稳定性

本体感觉是我们身体对外界的感知，是与生俱来的，同时也是可以通过后天训练加强的。本体感觉包括位置觉、震动觉、运动觉等。在人体的肌腱、韧带、关节囊分布了传达本体感觉的感受器，我们日常行走随时随地都在应用本体感觉。本体感觉是维持人体平衡的重要因素。那么如何评估自己的本体感觉呢？

你的本体感觉好吗？

下面推荐一个简便的测试方法：闭眼单腿站立（见图 17-1）。

图 17-1　闭眼单腿站立

动作要点：

①一脚站立，一脚屈膝抬起，身体直立，非支撑腿不能并靠支撑腿借力，两手向外打开。

②以受试者跳动，或非支撑腿落下为结束。

测试方法：记录左右腿时间，分别测试两次，记录最高时间。

注意事项：场地要平整、柔软，测试时旁边要有人保护，避免摔伤。

测试标准：保持身体稳定1分钟。

若你的测试结果不达标，或者希望继续提高本体感觉能力，可通过下面的训练逐步提高。

什么是本体感觉？

我们知道，在制订计划前，需要提前收集各方面的材料信息。接下来，在执行计划的过程中，我们需要根据信息的变化，对计划做相应的调整。其实，跑步也一样，在你准备跑步前或者在跑步过程中，你的身体会通过一个工具收集信息，了解当前各个关节所处的位置与运动状况，比如你有没有耸肩。接下来，在跑步过程中，我们需要根据各个关节位置的变动与周围环境的变化，控制肢体活动做相应的调整。比如，跑步转弯时，控制身体重心的转移。

这个收集信息的工具被称为本体感觉器。这项收集信息与后续控制肢体活动的能力被称为本体感觉能力。

本体感觉有何作用？

本体感觉是维持人体平衡的重要因素。

当你在凹凸不平或者比较滑的路面上跑步时，良好的本体感觉能力能够准确收集各个关节的位置信息与运动状态信息，帮助你在跑步过程中保持平衡。尤其是当你的踝关节过度活动（即将出现崴脚）的时候，良好的本体感觉能力能够帮助你快速控制踝关节过度活动的情况，避免崴脚的出现。

负责收集信息的本体感受器，主要位于肌腱及肌腱与关节处。当你肌肉、韧带、关节等出现跑步损伤时，这些本体感受器也会受到影响，进而导致本体感觉能力受损。本体感觉能力的受损会引起整个运动感知功能紊乱，导致传入的信息不够完整与准确，从而减慢你的反应过程。当你在第一次脚踝扭伤后，由于本体感觉能力受损，无法准确收集踝关节位置与运动状态的信息，很容易在跑步中无法及时调整踝关节的位置与运动状态，容易再次出现踝扭伤，发展为"反复性崴脚"。当你的脚踝受伤后，除了需要做消肿止痛的康复处理之外，本体感觉的训练也是必不可少的。本体感觉训练可以帮助你在伤后更快地恢复脚踝稳定性，避免脚踝过度活动，尽可能减少二次扭伤的发生。越早加入本体感觉训练，越能帮助你尽快恢复。

我们知道，本体感受器主要位于肌腱及肌腱与关节处。这样，肌肉骨骼的状态会直接影响到本体感觉的能力。也就是说，如果我们的肌肉柔韧性差，关节较为僵硬，会影响到自身本体感觉能力。因而，训练本体感觉前，我们需要关注肌肉的柔韧性、力量与耐力情况。由于这些内容在之前的章节都有提及，在这里面就不多加说明了。

如何提高本体感觉能力？

本体感觉的训练主要体现在对肢体的控制能力与保持身体平衡上。图 17-2 至图 17-11 是常见的跑步本体感觉训练，建议根据自己的情况选择 1~2 个进行，达标后可更换下一个。

1. 闭眼单腿站立

图 17-2　闭眼单腿站立

动作要点：

①站立位，打开双手在身体两侧，闭上眼睛；

②上半身保持挺直，左脚站立不动，右脚抬高到 45 ～ 90 度；

③维持这个姿势直到开始失去平衡，睁开双眼；

④回到站立位，重复另一边。

目标：保持平衡 1 分钟。

2. 平衡板上单腿站立（平衡板可用枕头代替）

图 17-3　平衡板上单腿站立

科学跑步 跑步损伤的预防与康复指南

动作要点：

①站在一个不稳定的平面（如半球体、平衡板），眼睛正常睁开；

②打开双手在身体两侧，上半身保持挺直；

③左脚站立不动，右脚抬高到 45 ～ 90 度；

④维持这个姿势直到开始失去平衡，回到站立位，换腿重复以上动作。

目标：保持平衡 1 分钟以上。

3.单腿下蹲

图 17-4　单腿下蹲

动作要点：

①站立位，保持上半身挺直，右腿抬高，用左腿作为身体的支撑，身体下蹲；

②返回起始位置，换另一侧腿重复动作。

目标：连续平稳下蹲 20 次。

注意：下蹲时，膝盖要正对前方，不能向内侧偏移，如图 17-5 所示。

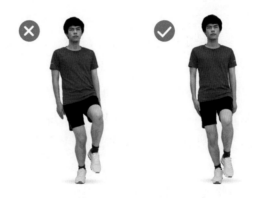

图 17-5　单腿下蹲时膝盖的位置

4. 双腿前后跳

跳跃

图 17-6　双腿前后跳

动作要点：

①双手叉腰，双腿微微弯曲；

②双脚同时向前 / 向后起跳，落地后回到起始位置，重复动作。

目标：连续平稳进行 20 次。

5. 单腿前后跳

单腿向前跳

图 17-7　单腿向前跳

单腿向后跳

图 17-8　单腿向后跳

动作要点：

①双手叉腰，双腿微微弯曲，右脚作为支撑，左脚抬高离开地面；

②左脚保持不动，右脚向前／向后起跳，落地后回到起始位置，重复动作。

目标：连续平稳进行 20 次。

6. 双腿左右跳

图 17-9　双腿左右跳

动作要点：

①双手叉腰，双腿微微弯曲；

②双脚同时向左 / 向右起跳，落地后回到起始位置，重复动作。

目标：连续平稳进行 20 次。

7. 单腿左右跳

图 17-10　单腿左右跳

动作要点：

①双手叉腰，双腿微微弯曲，右脚作为支撑，左脚抬高离开地面；

②左脚保持不动，右脚向左 / 向右起跳，落地后回到起始位

置，重复动作。

目标：连续平稳进行 20 次。

8. Z 形单腿跳跃

图 17-11　Z 形单腿跳跃

动作要点：

①站立位，保持上半身挺直，右腿抬高，用左腿作为身体的支撑；

②左腿单腿向前跳，先向左边跳，再向右边跳，形成一个"Z"字形。

目标：连续平稳进行 20 次。

另外，有研究发现，衰老、冰敷与运动带来的疲劳感会导致本体感觉的下降，而运动前的热身运动与合理运动能够提高本体感觉能力。虽然衰老是人体自然生理过程，我们无法进行干预，但是我们可以通过改变后两者去提高本体感觉，即

跑前保证 5 ～ 10 分钟热身运动时间；

出现跑步损伤后，冰敷时间不宜过长，不超过 20 分钟。

注意观察跑步过程中与跑步后的身体感受，不要为了一时的跑步成绩而过度训练。

第十八章
交叉训练

除了常见的柔韧性训练、上下肢力量训练、耐力训练、核心力量训练，有一个训练同样可以帮助你在跑步比赛中获得更好的成绩，那就是交叉训练。交叉训练是在你固有的训练计划里加入的其他类型的训练，如爬山、骑自行车、游泳、水中跑步、踩椭圆机，等等。跑步计划里的交叉训练有哪些值得推荐的运动项目呢？下文即将提及。

什么是交叉训练？

交叉训练，顾名思义就是在跑步计划中加入不同的训练，交叉练习。交叉训练的前提是不耽误应有的跑步训练强度，以跑步训练为重点，插入一些其他的有侧重点的训练。

为什么要进行交叉训练？

如果你报名参加一场全程马拉松，很幸运地中签，此时你就开始自己的跑步计划。你可能计划每天都跑步，每天跑10千米，很快你会发现身体比以往更容易出现疲劳，甚至疼痛开始找上门，如膝关节、踝关节开始隐隐作痛。

交叉训练可以促进身心健康，在枯燥的训练计划里增加一

科学跑步 跑步损伤的预防与康复指南

些乐趣。长期进行同一项运动，会让同一部位的肌肉和关节大量重复运动，该部位容易引起疲劳，疲劳后更容易出现跑步损伤。而交叉训练可以让你的肌肉、关节在高强度的跑步计划里得到休息缓冲。

如果想要利用交叉训练获得更好的比赛成绩，建议尽早地进行交叉训练。避免出现一种情况，当膝盖已经开始出现疼痛，不得不减少跑步训练的频率，才开始交叉训练。这种情况下进行交叉训练不能获得最好的训练效果。

如何进行交叉训练？

针对跑步计划来说，我们应该选择哪些运动项目进行交叉训练呢？推荐骑自行车、游泳、水中跑步三种方法。作为跑步计划，每周 3 ～ 4 天的跑步量是需要的，跑完步的第二天插入其他的训练，三种方法任你自由选择。

骑自行车

骑自行车超过半个小时，可以增强心肺功能，是一种很好的有氧运动。骑自行车的过程中双腿快速交换，与跑步的双腿交换有些类似。骑自行车锻炼了双腿的协调性，同时锻炼了股四头肌的力量。良好的心肺功能、强壮的股四头肌、双腿良好的协调性有助于跑步。

有跑者说骑自行车的难度比较低，你可以尝试加快速度或者增加自行车的阻力（如爬坡）。骑自行车时有一些注意事项，根据自己的身高调整自行车座椅的高度。你可以尝试坐在座椅上，将脚放在踏板上，此时你的膝盖应该是微微弯曲的，避免膝盖几乎伸直或者膝盖弯曲低于 90 度，如果出现这两种情况，需要调整座椅。由于骑自行车可能需要到户外，请注意交通安全。

游泳

游泳时漂浮在水中的时候你的全身心都可以得到放松。在完成了高强度的跑步后，身体的肌肉已经出现了疲劳，第二天插入游泳训练可以很好地帮助你放松疲劳的肌肉。游泳是一项全身性的运动，既可以锻炼你的核心力量，又可以锻炼上下肢的力量。游泳的动作有一定的先后顺序，你可以在游泳的过程中锻炼你的四肢协调性。游泳的好处多多，很适合加入到跑步的交叉训练中。

如果你接触过游泳训练，你就应该知道游泳有四种泳姿：蛙泳、仰泳、蝶泳、自由泳。我推荐进行自由泳训练，蛙泳的速度比较慢，而且蛙泳的姿势不够规范的话容易损伤膝盖，另外蝶泳和仰泳学习的难度比较大。

游泳的训练强度因人而异，如果你是刚开始学习游泳，你可以尝试低强度的训练，循序渐进，逐渐递增。以出现明显疲劳为界限，如果你游了 500 米已经有明显的疲劳感，那么训练已经完成。需要注意的一点是，走下游泳池之前需要做好热身，避免在水中出现小腿抽筋的情况，引发危险。

水中跑步

在游泳池里，水有一定的浮力。人在水中行走跟在地面上行走相比，会明显感受到阻力。你可以在水深超过肩膀的泳池中模仿跑步时手臂和双腿的摆动。因为水的阻力，你会感觉更吃力一些，从某种角度来讲这是跑步的负重训练。水中跑步的负重训练可以让你在路面上跑步更轻松。试想你在双手、双腿上绑一个沙袋跑步与不绑沙袋跑步哪一种跑起来更轻松，答案是后者。

在水中跑步对你的平衡能力和身体的控制能力要求更高。你需要时刻注意你在水中的平衡，避免身体过于向前倾或者向后仰。同时，为了完成水中跑步，你需要控制好你的身体完成这一系列的动作。

至于训练的时间，因为人体不宜泡在水中太长时间，以半个小时到一个小时为宜。水中跑步会稍微枯燥一些，不过它可以做负重训练，锻炼平衡感和身体控制能力，是一个不错的交叉训练项目。

除了以上三种训练，你也可以插入其他的训练。制订好你的交叉训练计划，进行规律性的训练，做好防伤训练，才是最重要的。

第十九章
新手跑者的预训练计划

在之前章节，我分别介绍不同种类的训练方法以降低跑步损伤的概率。但是对于经验有限、身体不太健康但正在考虑进行跑步这项美妙运动的新手跑者，他们可能会因为训练内容太多无从下手。

接下来的内容主要针对经验有限的新手跑者，是为期4周的预训练计划，以使其适应跑步带来的对各个肌肉骨骼的冲击力。

为什么你需要预训练计划？

近几年的研究开始表明，考虑跑步的人，在开始跑步前进行预训练，也许是减少跑步损伤的一种方法。

其实，这种预训练计划在其他类型的运动中十分常见（如篮球和足球），并且具备充分的研究证据支持。虽然目前预训练计划在跑步中得到的研究证据支持偏少，但是有理由认为新手跑者能够从中获得益处。

毕竟，由于大多数新手跑者之前缺乏体育活动，他们的肌肉骨骼在跑步初期通常很难适应跑步带来的重复性和相对较高的冲击力。一旦由高冲击力造成跑步损伤，跑者通常需要停止跑步大约1周的时间。

我们进行预训练计划的目的主要是预留一段时间让身体适应跑步带来的冲击力，为长期跑步做准备。

推荐的预训练计划内容

根据以往的研究，为降低跑步损伤的概率，在进行 / 调整预训练计划或者制订专门的跑步计划时，不妨参考以下建议：

①每周跑步总里程不要超过 64 千米；

②在跑步过程中或者跑步后出现疼痛，需要暂停跑步或训练；

③每周至少两次力量训练，但是不要太多，次数根据自己具体情况而定；

④设定每周 1 ～ 2 天跑步休息日。在休息日当天，停止跑步，可改为力量训练、散步、游泳等；

⑤在每次跑步或者所有训练前，需要进行热身准备运动至少 5 分钟；

⑥在每次跑步或者所有训练后，需要进行拉伸放松的柔韧性训练；

⑦每周跑步距离的增加不要超过上周的 30%，尤其是新手跑者不要为了一时的成绩，突然增加跑步距离。最好能够坚持 10% 的原则，即控制每周增加的跑量在 10% 以内。

结合以上建议，我会推荐新手跑者这样制订自己的预训练计划。

预训练计划主要包括力量训练、柔韧性训练、本体感觉训练、交叉训练、跑步训练五个方面。

第一周跑步预训练计划

对于跑步，最主要的是下肢重复循环运动，比如髋关节、膝关节、踝关节的不断屈伸，而且跑步带来的冲击力主要集中在下肢。因此，在预训练第一周，会重点关注下肢的力量训练，同时让身体的骨骼肌肉系统适应跑步冲击力。

1. 把周二、周四、周六设置为跑步休息日

在休息日当天，可针对肌肉相对僵硬的部位进行柔韧性训练，或外出散步 10 ～ 20 分钟亦可。

2. 周一：以下肢力量训练为主

①臀部强化运动：蚌形伸展运动第一阶；

②腿部强化运动：大腿后侧、大腿前侧、小腿后侧肌肉强化运动。

以上动作重复 3 组，每组左右腿各 10 次。同时需要注意，运动要匀速缓慢进行，不能过快。

若你完成上述训练后，仍旧觉得十分轻松，可增加动作组数，比如由 3 组增加到 4 ～ 5 组。

3. 周三：以跑步姿势训练为主

顾名思义，本次跑步训练目的是训练正确的跑步姿势。

建议找朋友拍摄自己跑步时的姿势，然后通过回放视频找出哪些姿势不太恰当。

简单来说，至少需要做到身体微微向前倾斜、躯干保持直立，避免脚跟先着地。更加具体的跑步姿势检测内容可参考第二部分第三章。

4. 周五：以下肢力量训练为主

肌肉力量的训练是遵循可逆原则的。简单地说，因训练增加的肌肉力量是短暂的，如果无法规律地进行力量训练，那么之前通过训练增加的肌肉力量将会逐步下降，从而影响训练效果。因而，建议每周都需要坚持 1 ～ 2 次力量训练。

周五力量训练内容可参考周一的内容，并根据身体可承受能力，增加运动次数与组数。最好在训练后，肌肉能够出现轻度疲劳感。

5. 周日：以跑步适应训练为主

作为之前几乎不运动的新手跑者，在此阶段，可开始进行20分钟步行与慢跑交替训练，以让身体各个关节、骨骼、肌肉适应跑步带来的冲击力。

可采取步行3分钟，然后逐步加速至慢跑；持续慢跑1分钟后，逐步减速至步行；如此循环，进行20分钟。

另外，若你不擅长在跑步中使用腹式呼吸，可尝试在本次适应性训练中，加入腹式呼吸的内容。

第二周跑步预训练计划

如果说肌肉力量是推动跑步进行的动力装置，那么控制力则是保证跑步顺利进行的方向盘。当你对下肢各个关节的控制能力下降时，你会很容易发现关节稳定性不足，表现在关节容易过度活动，难以维持正常的跑姿。

因此，本周跑步预训练计划的目的是提高下肢各关节的控制能力与跑步稳定性。

1. 把周二、周四、周六设置为跑步休息日

疲劳感会直接影响对身体的控制能力与稳定性。保证充足的休息时间对提高跑步成绩是至关重要的。当然，休息日也不是说只能躺着。

休息日当天推荐活动：柔韧性训练5～10分钟，外出散步10～20分钟，交叉训练如骑自行车、游泳。

2. 周一：下肢力量、本体感觉训练

肌肉训练的另一原则：超负荷原则。

它的意思是当你要提高肌肉力量时，训练强度就必须大于平时的表现，施加超过肌肉新陈代谢能力的负荷。如果你已经适应并打算长期维持上周一的运动强度，那么你的肌肉力量将会维持原本状态，不会有大幅度的增加。

因此，我们需要逐步增加训练难度。以下是本次训练的具体内容。

①臀部强化运动：蚌形伸展运动第二阶；

②腿部强化运动：大腿后侧、大腿前侧、小腿后侧肌肉强化运动（可在训练中加入沙包、弹力带以增加训练难度）；

③控制力训练：单腿下蹲、闭眼单腿站立1分钟。

以上运动重复3组，每组左右腿各10次。同时需要注意，运动要匀速缓慢进行，不能过快。

若你完成上述训练后，仍旧觉得十分轻松，可增加动作组数，比如由3组增加到4～5组。

3. 周三：以跑步适应训练为主

在上一周，推荐的是20分钟步行与慢跑交替训练。根据10%原则，每周跑量、跑步时间的增加不能超过上周的10%。本次耐力训练，推荐的依旧是20分钟步行与慢跑交替训练，但是以步行2分钟、慢跑2分钟交替进行。

4. 周五：下肢力量、本体感觉训练

根据之前说的可逆性原则与超负荷原则，本周五推荐继续周三的训练内容，并且在可承受范围内增加运动难度，施加超过肌肉新陈代谢能力的负荷。

5. 周日：以跑步适应训练为主

对比上次跑步适应训练，可通过增加时长，提升跑步难度。推荐 25 分钟步行与慢跑交替训练，其中以步行 2 分钟、慢跑 2 分钟交替进行。

当然，如果认为 25 分钟跑步适应训练后仍旧很轻松，可增加到 35 分钟，并在训练中适当提高速度。

第三周跑步预训练计划

我们知道，当核心有效工作时，各个关节的力量能够被合理分配，不仅可以有效控制运动进行与提高运动中的稳定性，还能充分吸收跑步冲击力，减轻各个关节的负荷。

另外，当你已经逐渐适应跑步负荷时，下一步则是加入跑步耐力训练，增加可持续跑步的时长。

因此，本周预训练计划会着重加入核心力量训练。

1. 把周二、周四、周六设置为跑步休息日

休息日当天推荐活动：柔韧性训练 5 ～ 10 分钟，外出散步 10 ～ 20 分钟，交叉训练如骑自行车、游泳。

2. 周一：下肢力量、核心力量训练

①臀部强化运动：蚌形伸展运动第三阶；

②腿部强化运动：大腿后侧、大腿前侧、小腿后侧肌肉强化运动（可在训练中加入沙包、弹力带以增加训练难度）；

③升级版控制力训练：双腿跳跃；

④核心力量训练：卷腹、剪刀腿、侧平板抬升。

以上运动重复 3 组，每组左右腿各 10 次。同时需要注意，除了跳跃运动，其余运动要匀速缓慢进行，不能过快。

若你完成上述训练后，仍旧觉得十分轻松，可增加动作组数，

比如由 3 组增加到 4 ～ 5 组。

3. 周三：以跑步耐力训练为主

在上周日，推荐的是 25 分钟步行与慢跑交替训练。为持续提高跑步时长，可继续增加跑步训练时间。本次耐力训练，推荐是 30 分钟步行与慢跑交替训练，以步行 1 分钟、慢跑 2 分钟交替进行。

4. 周五：下肢力量、核心力量训练

除了直接增加跑步时长训练跑步耐力外，我们还可以通过专门的肌肉耐力训练提升耐力。提升耐力最好的方法是在肌肉最大收缩的情况下，进行大量重复，增加运动次数。

因此，本周五的训练项目与周一相同，但建议在可承受范围内，增加每组运动次数至 15 或 20 次。

5. 周日：以跑步耐力训练为主

与周三一样，推荐 30 分钟步行与慢跑交替训练，以步行 1 分钟、慢跑 2 分钟交替进行。

当然，如果认为 30 分钟跑步耐力训练后仍旧很轻松，可增加到 35 分钟，并在训练中适当提高速度。

第四周跑步预训练计划

我们了解到上下肢力量训练、核心力量训练、耐力训练、本体感觉训练均对减少跑步损伤风险、提升跑步成绩有好处。本周预训练计划，将把以上内容综合起来制订计划。

当然，如果你想让计划更具针对性，可根据前六章内容进行单独测试，并着重训练测试结果不佳的方面。

1. 把周二、周四、周六设置为跑步休息日

休息日当天推荐活动：柔韧性训练 5 ～ 10 分钟，外出散步 10 ～ 20 分钟，交叉训练如骑自行车、游泳。

2. 周一：综合性训练

①上肢力量训练：单臂举哑铃；

②臀部强化运动：坐下 / 起身运动；

③腿部强化运动：弓步稳定运动；

④升级控制力训练：单腿跳跃；

⑤核心力量训练：平板支撑臀部后伸、侧平板支撑。

以上运动重复 3 组，每组左右腿各 10 次。同时需要注意，除了跳跃运动，其余运动要匀速缓慢进行，不能过快。

若你完成上述训练后，仍旧觉得十分轻松，可增加动作组数，比如由 3 组增加到 4 ～ 5 组。

3. 周三：以跑步耐力训练为主

本次耐力训练，推荐是 35 分钟步行与慢跑交替训练，以步行 1 分钟、慢跑 3 分钟交替进行。

如果认为自己可以持续进行慢跑 35 分钟，也可省掉 1 分钟步行时间，直接改为持续慢跑 35 分钟。

4. 周五：综合力量训练

训练项目与周一相同，但建议在可承受范围内，增加每组运动次数至 15 或 20 次。

5. 周日：以跑步爆发力训练为主

如果你在跑步冲刺阶段，那么爆发力会直接影响到你的跑步成绩。其中训练跑步爆发力的关键是让肌肉快速来回进行相反的动作。

因此，本次跑步训练将会跟前三周有较大区别，即 50 米快速往返跑。

虽说天有不测风险，人有旦夕祸福，但是面对那些依靠自我测试也能发现的问题，我们完全可以在燃起燎原大火前提前掐断这些问题的火苗。跑步损伤就是如此，尤其当我们指导的跑者身体素质差，更容易引起损伤风险时，我们更加应该积极地提前采取针对性的防伤训练，及时避免那些不必要的跑步损伤。

防伤训练是预防跑步损伤的重要内容。你可以通过针对性的防伤训练，不断地优化下肢肌肉的柔韧性、上下肢的肌肉力量、耐力、核心稳定性和本体感觉，提高身体素质。而这些身体素质的提高，除了可以有效地降低损伤风险，还对提高跑步成绩大有帮助。至于如何开始防伤训练，你可以在本部分的前面找到适合你的防伤测试和防伤训练内容。

参考文献

[1] Brown, J.C., Miller, C.J., Posthumus, M., Schwellnus, M.P. and Collins, M., 2011. The COL5A1 gene, ultra-marathon running performance, and range of motion. Int J Sports Physiol Perform, 6(4): 485-496.

[2] Gleim, G.W., Stachenfeld, N.S. and Nicholas, J.A., 1990. The influence of flexibility on the economy of walking and jogging. J Orthop Res, 8(6): 814-823.

[3] Craib, M.W., Mitchell, V.A., Fields, K.B., Cooper, T.R., Hopewell, R. and Morgan, D.W., 1996. The association between flexibility and running economy in sub-elite male distance runners. Med Sci Sports Exerc, 28(6): 737-743.

[4] Brown, C., 2011. Foot Clearance in Walking and Running in Individuals with Ankle Instability. The American Journal of Sports Medicine, 39(8): 1769-1777.

[5] Brumitt, J., 2009. Injury Prevention & Performance Enhancement: Injury Prevention for High School Female Cross-Country Athletes. ATT(4).

[6] Agresta, C., Ward, C.R., Wright, W.G. and Tucker, C.A., 2017. The effect of unilateral arm swing motion on lower extremity running mechanics associated with injury risk. Sports Biomech, 17(2): 1-10.

[7] Killeen, T., Elshehabi, M., Filli, L., Hobert, M.A., Hansen, C., Rieger, D., Brockmann, K., Nussbaum, S., Zorner, B., Bolliger, M., Curt, A., Berg, D. and Maetzler, W., 2018. Arm swing asymmetry in overground walking. Sci Rep, 8(1): 12803.

[8] Miller, R.H., Caldwell, G.E., Van Emmerik, R.E., Umberger, B.R. and Hamill, J., 2009. Ground reaction forces and lower extremity kinematics when running with suppressed arm swing. J Biomech Eng, 131(12): 124502.

[9] Wilson, J.M., Loenneke, J.P., Jo, E., Wilson, G.J., Zourdos, M.C. and Kim, J.S., 2012. The effects of endurance, strength, and power training on muscle fiber type shifting. J Strength Cond Res, 26(6): 1724-1729.

[10] Boling, M.C., Padua, D.A., Marshall, S.W., Guskiewicz, K., Pyne, S. and Beutler, A., 2009. A prospective investigation of biomechanical risk factors for patellofemoral pain syndrome: the Joint Undertaking to Monitor and Prevent ACL Injury (JUMP-ACL) cohort. Am J Sports Med, 37(11): 2108-2116.

[11] Shadmehr, A., Jafarian, Z. and Talebian, S., 2012. Changes in recruitment of pelvic stabilizer muscles in people with and without sacroiliac joint pain during the active straight-leg-raise test. J Back Musculoskelet Rehabil, 25(1): 27-32.

[12] Raabe, M.E. and Chaudhari, A.M.W., 2018. Biomechanical consequences of running with deep core muscle weakness. J Biomech, 67: 98-105.

[13] Rivera, M.J., Winkelmann, Z.K., Powden, C.J. and Games, K.E., 2017. Proprioceptive Training for the Prevention of Ankle Sprains: An Evidence-Based Review. J Athl Train, 52(11): 1065-1067.

[14] Baltich, J., Emery, C.A., Stefanyshyn, D. and Nigg, B.M.J.B.m.d., 2014. The effects of isolated ankle strengthening and functional balance training on strength, running mechanics, postural control and injury prevention in novice runners: design of a randomized controlled trial. 15(1): 407.

第三部分 跑步防伤训练

很多时候，对于跑者来说，跑步可能是一场竞技的比拼，也可能是一场时尚的盛宴。但如同美丽的反面是丑陋一样，跑步收获健康的同时，也可能会存在着各式各样的伤害，譬如运动损伤。即使我在前面说了很多预防跑步损伤的内容，但是师傅领进门，修行在个人。想要科学预防跑步损伤，除了了解和学习这些防伤知识之外，认真把它们落实在跑步训练上才是重点，而且经常跑步的人，也应该练就一双"火眼金睛"，习惯观察和感知跑步过程中的一些细节和信号，及时预防和遏止跑步损伤。

那么跑伤了该怎么办？是不是休息一阵子就会好了？已经擦过红药水，贴了创可贴，这就足够了吗？跑伤了之后，该热敷还是冰敷？该卧床还是继续运动？怎么处理是对的，怎么处理会加剧损伤？以后还能不能跑步？这些一系列的疑问，谁能给出答案？下面，本书分别介绍韧带、肌肉和骨骼损伤等方面的科学处理方式，帮助你更快地缓解损伤疼痛，促进损伤部位的恢复，让你更快地重返跑道。

第四部分

跑伤了怎么办

第二十章

跑步损伤后，我该如何处理？

对于很多跑者来说，尤其是新手跑者，跑步的防伤知识和跑步损伤的科学处理是比较陌生的，但这些知识却是他们迫切需要的。事实上，针对跑步损伤，我们有一套比较系统且完整的科学处理原则和标准，可以指导跑者在发生损伤后自主进行紧急处理，预防损伤恶化，并在医生或者物理治疗师的协助下完成康复计划。但是这些知识，医生知道、物理治疗师知道，大多数的跑者可能都不清楚。下面，我将系统介绍跑步损伤的科学处理原则和方法。这样，就可以帮助跑者化解在面对跑步损伤时如小白般的尴尬和无措。

跑步损伤后，休息还是运动？

对于跑步损伤的紧急处理，医生、物理治疗师或是教练遵循的处理原则是 RICE 原则，或是 PRICE 原则。在这两个原则中，R 是 Rest，即休息的意思。休息在整个原则里占据重要位置，排在第一或者第二位。这也从侧面说明，休息在跑步损伤的处理中是非常重要的。

但是这里面存在一个问题——休息过头了。我们知道在急性损伤后，少量休息是能够促进损伤愈合恢复的。不过自己往往会因担心损伤恶化或复发，导致休息时间比实际需要的时间

科学跑步

跑步损伤的预防与康复指南

要长得多。这会让损伤部位长期处于固定不动的休息的状态，使得肌肉力量和柔韧性下降，从而可能会延长你正常的康复时间，让你更晚恢复跑步。

另外，对比于固定不动的休息，适量的运动反而能够更快地促进损伤部位的愈合，同时防止由于长期不动导致的关节僵硬或肌肉力量下降等情况。适量的运动能够让你更快地重返跑道。

因此，在应对跑步损伤上，休息的同时要重视合理的负荷与适量运动，让损伤部位更快地恢复。

学会POLICE原则，加快损伤恢复

POLICE 原则，就包含了上述所说的合理负荷与适量运动的意思。它把 R-Rest（休息）改成 OL- Optimum Loading（合理负荷）。

下面是 POLICE 原则的详细内容。

1. 保护患肢（P-Protection）

发生跑步损伤后，应该立刻用夹板或支架固定损伤部位，避免过度移动致使二度伤害。比如脚踝扭伤之后，应及时用夹板或支架固定脚踝，并借用拐杖行走，避免过度移动。

2. 适当负荷（OL-Optimum Loading）

损伤后根据损伤部位的恢复情况，通常是损伤出现的 2～3 天后，你可以在疼痛可忍受范围内，开始有意识地进行小幅度的主动或被动运动。比如脚踝扭伤，在疼痛可忍受范围内，可以向不同的方向活动脚踝，避免长期静躺不活动引起的关节僵硬与肌肉无力。

3. 冷敷（I-Ice）

在损伤的 48 小时内，可每隔 2 小时冷敷 1 次。但要注意冷敷时间应控制在每次 15 ～ 20 分钟，不宜超过 20 分钟。

冷敷的作用在于通过冰收缩血管，减缓受伤部位的血流，缓解肿胀和疼痛。冷敷时，可用冰或者冷冻气雾剂。冷冻气雾剂可在普通的运动器材店或药店买到。如果选择冰敷，自己制作冰袋时，注意选用冰粒或小冰块装于塑料袋或者包裹于毛巾中，不要直接把冰块放在损伤部位上，以避免冻伤。

4. 加压包扎（C-Compression）

用绷带加压包扎损伤部位。

若选择冰敷，可以把冰袋固定在损伤部位上加压包扎。冰敷结束后需要取走冰袋，注意使用绷带缠紧该部位即可。

使用绷带包扎损伤关节的作用在于防止损伤部位进一步肿胀，改善疼痛。但是需要注意的是，包扎不能太紧，否则容易导致血液不循环，延长康复时间。

5. 抬高（E-Elevation）

尽可能抬高患肢。若是仰卧位，可以在损伤部位下面放一个枕头，垫高至心脏的高度，促使局部血液及时回流，减少瘀血，有助于康复。

以上是 POLICE 原则的全部内容。但是大家可能会有一些疑问：

①固定休息的时间多长才合理？

②怎么样运动才算合理的负荷？

这两个问题并没有固定的答案。它取决于你损伤的类型、部位、程度与症状等。这些，会在后续内容中一一介绍。

什么时候应该寻求医疗帮助?

虽说学会这个原则可以应对大部分的损伤情况，但是当你出现以下情况，最好去寻求专业医务人员的帮助避免伤口恶化，造成不可逆的损伤。

①损伤后 24 ～ 72 小时，你的疼痛与肿胀没有丝毫减轻；

②你的四肢无力，无法使用损伤部位，如不能步行、抬起手臂等；

③你的症状不但没有减轻，反而在持续加重；

④损伤后，你的损伤部位出现畸形；

⑤你出现了感染的迹象，如发烧、发冷、出汗等；

⑥你的损伤部位不能承受一点压力；

⑦你的损伤部位有皮肤损伤，出血。

还有，需要补充一点，很多运动损伤都不仅仅是医生直接治疗就足够的。当你的主治医生建议你回家休息运动时，自己最好可以找到一位专业的物理治疗师即康复治疗师一起制订运动康复方案。

第二十一章

运动康复，一种简便有效的方法！

运动康复，作为一门新兴且先进的康复手段，在国际上已获得权威的认可。运动康复，无须吃药打针和手术，只是通过针对性的运动训练即可对跑步损伤进行康复治疗。无论作为保守治疗的手段，还是作为术后康复方法，运动康复都是一种简便且有效的康复方法，是竞技运动员专享的先进康复手段。

我们可以从运动康复得到什么？

运动康复，是指通过运动训练的方法，最大限度地恢复身体的活动功能，让伤者返回正常的生活工作中。

在跑步出现损伤后，无论你在哪个年龄阶段、哪个损伤分期里面，你都能够通过运动康复的方法减少疼痛，加速伤口愈合，预防和减少损伤的并发症与后遗症，从而进行高效的康复，并让你更快地重返跑道。

跑步损伤后，通常会需要经历 3 个阶段：急性期、亚急性期与慢性期。不同时期，运动康复发挥的作用是有差别的。下面，我将分别介绍运动康复在这三个时期内的作用。

损伤急性期

在这个时期里面，损伤部位会出现发炎迹象，即肿胀、发红、发热、休息时疼痛与功能丧失。例如，如果你踝扭伤，那么在活动脚踝的时候，或者在活动脚踝到最大幅度时，往往会出现疼痛。

而在这个时期运动康复则可以帮助我们：

①活跃局部血液和淋巴循环，促进瘀血吸收与肿胀消退，恢复因肿胀而限制的关节活动。

②维持必要的肌肉收缩活动，避免损伤后长时间固定不动导致的肌肉力量减退与萎缩。

③改善关节的血液循环，促进关节内的滑液分泌和吸收，预防关节内粘连和关节挛缩。

损伤亚急性期

在这个时期内，发炎迹象如肿胀、发红、发热等会逐渐减少并且最终消失。损伤组织会不断生长修复，损失的功能也会在不断恢复。

运动康复在此时期的作用是：

①强化损伤后新生的组织。

②强化损伤部位附近的肌肉，减少新生组织的压力，促进其进一步愈合。

③提高肌肉的柔韧性和关节活动度，加速活动功能的恢复。

损伤慢性期

慢性期，又称亚急性期后期，这个时期基本没有肿胀、发红、发热等发炎迹象，主要是损伤组织的成熟和重塑。

运动康复在这一时期的作用是：

①促进新生组织成熟与重塑，使其逐步恢复到损伤前的状态。

②通过提高肌肉力量与改善肢体的协调控制能力，帮助恢

复高需求的活动，如跑步。

如何选择适合自己的运动康复？

这时，有的跑者说，只听说过以毒攻毒，但没听说过因运动而发生的损伤，可以通过运动来康复。他反而更加担心跑步损伤后继续运动，会加剧跑步损伤的严重程度。那么跑步损伤后运动，真的不会伤上加伤吗？

跑步损伤后运动是否会伤上加伤，这取决于你选择的运动是否适合自己当前的身体情况。跑步损伤后运动加重症状，产生负面效应，通常有两个原因：一是运动过量，反而加剧跑步损伤；二是运动错误，导致跑步损伤进一步撕裂。

其实，损伤程度不同，适合的运动各异；而在不同的损伤阶段，适合的运动也有所不同。下面根据跑步损伤的不同阶段，我来介绍适合的动作。

急性期运动

在急性期，损伤的主要症状是疼痛、肿胀等发炎迹象。在此阶段，跑者比较适合进行小幅度、低强度的被动运动与等长收缩运动，这样也可以避免过度运动，推延发炎时间。

1. 被动运动

被动运动，指完全依靠外力的帮助完成的运动，这里的外力包括机械、他人与自己未受伤侧的力量。损伤后进行被动活动，有利于保持正常的关节活动度。

例如，当你的左手手腕中度扭伤，那么在损伤的 48 小时内，除了冰敷外，在疼痛可承受范围内，可用右手缓慢小幅度带动左手手腕运动，以维持一定的关节活动度与促进肿胀消散。注意应从小幅度开始，在可忍受范围内逐步增加活动。

2. 等长收缩

等长收缩，属于主动运动，指在关节固定不动的情况下收缩肌肉。例如，仰卧位，保持腿部不动的情况下，绷紧大腿肌肉保持 10 秒。

由于等长收缩运动不会引起关节活动，如果损伤程度较轻，也可以在急性期加入。如果损伤程度较重，而且等长收缩运动可能会加重症状，则应在下一阶段损伤的亚急性期进行等长收缩运动。

亚急性期运动

在亚急性期，损伤组织开始修复和长出新的组织，但新生长和修复的组织往往会比较脆弱。所以，在此阶段，跑者比较适合在疼痛可承受的范围内进行等张收缩、多角度等长收缩与拉伸运动，以强化新生组织。

但是，为了避免运动压力过大导致新生的组织损伤，每个运动在刚开始的时候，都需要从小幅度、低负荷开始。

1. 等张收缩

等张收缩，属于主动运动，肌肉收缩过程中会引起关节的活动。例如，屈肘伸肘、屈膝伸膝。在这个过程中，肘关节或膝关节会有移动。

进行等张收缩运动，有利于恢复正常的肌肉力量。当然，如果恢复得很好，可以适当加入抗阻运动，即在肌肉收缩时提供一定的阻力，进一步强化肌肉力量。例如，屈肘时，手部可握一瓶水进行屈肘运动。

2. 多角度等长收缩

这是难度更高的等长收缩方式，以不造成过度压力的方式，在不同的角度进行等长收缩。例如，在急性期的要求仅是仰卧位绷紧大腿保持 10 秒，那么多角度等长收缩则是要求仰卧位，把腿抬到不同的高度后，绷紧保持 10 秒。

3. 拉伸运动

在急性期，往往由于限制活动造成愈合组织的柔韧性下降，导致关节僵硬或受限。在这个阶段应当进行一些简单的拉伸运动以放松僵硬的组织。例如，小腿后侧肌肉拉伤，可以在 48 小时后，进行小幅度的拉伸运动，增加愈合组织的延展性。但要注意，拉伸时以感到轻度拉伸感为宜。

慢性期运动

慢性期，由于损伤部位基本愈合，康复的重点是如何让愈合后的新生组织去重新适应运动。为了帮助新生组织更快地适应跑步运动，我们可以从以下 3 个方面进行训练计划。

①肌肉力量耐力训练

②本体感觉训练

③功能性运动康复训练

在返回跑步前，进行上述 3 项运动训练，能够有效提高损伤部位或附近的肌肉力量、耐力、本体感觉，增强关节的稳定性，让其重新适应跑步的冲击，可以帮助预防下一次损伤。其中本体感觉平衡训练可贯穿整个运动康复过程。若你的损伤程度较轻，疼痛与肿胀不明显，也可在急性期后加入。

当然，如果在这个阶段，肌肉、韧带或关节在活动过程中仍旧有僵硬感，是可以继续上一阶段的拉伸运动的。

可是，这么多动作，自己该如何判断运动是否适合？

判断运动是否适合的最简单方法：看运动过程中或运动后的症状。

若运动过程中症状加重，则需要减少运动幅度或运动量，甚至暂时停止当前运动。若运动后症状加重，则需要减少下一次的运动幅度或运动量，甚至暂时停止运动一段时间直到疼痛缓解。

综上所述，如果你掌握了跑步损伤后的紧急处理方法，那么就可以帮助你在损伤后的第一时间紧急处理伤痛，并预防损伤进一步加剧。即使不吃药、不打针、不手术，也有简便且有效的运动康复可以帮助你重返跑道，当然特别严重的损伤是需要必要的医疗手段协助恢复的。同时，你可以辨别在不同的损伤阶段，做哪些运动有利于恢复，哪些运动可能会加剧损伤。至于具体的运动康复方法，将在后续章节内容，分别从韧带损伤、肌肉损伤、应力性骨折等不同的损伤类型一一介绍。

第二十二章

有关韧带损伤康复，我们应当知道的

··➤

韧带损伤占肌肉骨骼损伤中的 45%，而且韧带损伤带来的影响往往是长期的。如果康复方法不当，它再次损伤的概率将会非常高。

一方面是因为损伤后的韧带刚度（强度）和弹性会变差。就像伤口破裂恢复时，可能会产生伤疤一样。韧带修复过程中也可能会在伤口中产生疤痕组织。这类疤痕组织会影响到韧带纤维的排列，从而影响它的刚度和弹性。而且，疤痕组织本身的刚度和弹性就不好。你可能会发现，在损伤后患侧的灵活性似乎要比健侧要差一些。

另一方面是因为韧带损伤还对人体本体感觉能力产生影响。在韧带附近存在本体感受器，当韧带遭到破坏，本体感受器也一样会受到影响，从而影响到人体的本体感觉能力。当你的本体感觉受到影响，大脑感知关节位置与对肢体的控制能力就会下降。你会发现，对损伤部位的控制似乎要差一些。这容易让你的关节过度活动，让韧带反复损伤。

有关韧带损伤的基本知识

关于韧带损伤，你了解多少？下面，我们来详细了解韧带损伤的基本知识，学会科学有效的康复方法，尽快地从韧带损伤中康复并重返跑道。

你真的了解韧带是什么及有什么作用吗？

韧带，由致密结缔组织构成，主要成分为胶原纤维与弹力纤维。

一方面，胶原纤维让韧带具备一定的刚度，使其变得坚韧起来，能够抵抗一定程度上的压力。因此，它可帮助增加关节的稳定性，使骨骼等固定在正常位置，限制其过度活动。

另一方面，弹力纤维让韧带具备一定的弹性，使其变得柔软起来，能够在压力的作用下进行延伸变长。因此，当骨骼等过度活动时，在弹力的作用下能够返回正常的位置。

简单来说，韧带最重要的作用是限制骨骼等过度活动，维持关节活动过程中的稳定性。一旦骨骼过度活动，带来的压力超出韧带可承受范围，就会出现韧带损伤。与此同时，可能会伴随"啪"的一声。在损伤之后，它通常表现为损伤部位疼痛、肿胀和关节不稳，直接影响到你的跑步状态。

你知道韧带损伤多久才能康复吗？

韧带损伤的康复时间很大程度取决于损伤是否严重。临床上，根据韧带损伤撕裂的程度，把韧带损伤分为三级：一级（轻度）、二级（中度）、三级（重度）损伤，如图 22-1 所示。这是判断韧带损伤是否严重的重要依据。

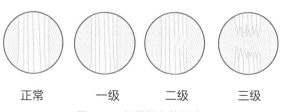

正常　　　一级　　　二级　　　三级

图 22-1　韧带损伤的程度

下面是韧带损伤程度与康复时间的介绍。

1. 一级（轻度）损伤

定义：只有小部分的韧带被拉长，但仍然保持完整。

症状：按压时，会产生轻度疼痛、局部水肿。附近关节会出现轻微的不稳定性，但不会造成明显的活动功能障碍，仍旧可以进行坐、站、走等活动。

康复时间：通常会在 2 ～ 4 周内或更长的时间，肿胀完全消失与恢复全部的功能。当炎症反应消失时，损伤的韧带会持续强化并重塑，约 6 周后可恢复到最大的强度。

2. 二级（中度）损伤

定义：大量韧带纤维被撕裂，但未完全断裂分离。

症状：损伤部位会产生中度疼痛、明显水肿，按压会增加疼痛。附近关节会出现中度不稳定性，被动关节活动范围增加，出现一定程度的活动功能障碍。

康复时间：通常需要 6 ～ 12 周，取决于你的损伤部位与后续希望恢复的运动。

比方说，由于关节内的血管较少，能够提供的营养相对较少，关节内的韧带撕裂比关节外的韧带撕裂恢复得要更慢。对比于日常步行，如果后续希望恢复的运动是跑步，那么会需要更长时间。

另外，对于二级（中度）韧带损伤，强烈推荐运动康复。它可以通过强化肌肉，最大限度地恢复活动功能，增加关节的稳定性，预防由于关节不稳引起的二次受伤等情况。

3. 三级（重度）损伤

定义：韧带完全断裂和分离。

症状：韧带断裂时可能会伴随"啪"的断裂响声。损伤部位会出现明显水肿。由于韧带的完全断裂会阻断感觉的传递，反而有可能不会出现疼痛。但是，附近关节出现极大的不稳定性，被动的关节活动范围显著增加，并且关节可能完全丧失活动能力。

康复时间：这是非常严重的韧带损伤，需要立即就医，有可能会需要进行手术重建韧带。在手术的情况下，通常需要接受 12 周至 6 个月的治疗后重返跑道。同时，即便接受手术，术后也是一样需要进行运动康复以加快康复。

你懂得韧带损伤如何科学康复吗？

我们知道损伤后，要暂停跑步，要休息，要冰敷，要合理运动，要抬高患侧。但是你难免会有以下疑问：

（1）到底需要停止跑步多久？

（2）怎么样才算合理运动、适当负荷？

（3）真的是要等到不痛后，就可以继续跑步吗？

（4）韧带损伤后，自己还适合跑步吗？

下面结合 POLICE 原则，我来告诉你关于韧带损伤康复的重点知识。

在韧带急性损伤后，通常需要经历 3 个阶段：急性期、亚急性期与慢性期。不同时期，康复的重点是不一样的。

1. 急性期

损伤部位会出现肿胀等发炎症状。由于疼痛和肿胀的原因，你的关节活动功能可能会开始丧失，如关节活动受限。

虽然说发炎会带来疼痛等不舒服的症状，但是注意，发炎并不是一件坏事情。它可以帮助我们清除坏死的组织，促进损伤组织的修复和愈合。急性期发炎一般会持续 4 ~ 6 天，永久性刺激除外。

在急性期，韧带损伤的康复重点是：

①控制发炎产生的影响，不要让肿胀等现象过于影响生活；

②促进损伤部位的愈合，避免二次伤害；

③维持未受伤部位的正常功能，减少损伤部位固定不动的影响。

因而，我们可以这样操作：

①暂时停止跑步。特别是中度与重度的韧带损伤，需要立刻用夹板或支架固定损伤部位，避免进一步过度移动致使韧带二次伤害。

②在韧带损伤后的 48 小时内，可每 2 小时冷敷 1 次。注意冷敷时间控制在每次 15～20 分钟，但不能超过 20 分钟。

③尽可能抬高患肢。若是仰卧位，可以在损伤部位下面放一个枕头，垫高至心脏的高度，促使局部血液及时回流，减少肿胀，有助于康复。

④用绷带加压包扎损伤部位，限制肿胀。但是需要注意的是，包扎不能太紧，否则易导致血液不循环，延长康复时间。

⑤避免完全或连续的固定不动。在疼痛可忍受范围内进行被动运动或等长收缩。如果你腕关节扭伤，你可以让别人或者自己未损伤的手，缓慢小幅度摆动腕关节进行被动运动，而不是自己直接发力运动。这可以帮助你预防损伤后的组织黏连[①]，同时避免过度活动引起二次伤害。

⑥另外，也可通过在损伤部分附近进行轻微的按揉，促进身体对关节内液体的吸收和肿胀消散，预防黏连。

2. 亚急性期

在这个时期内，韧带的纤维会不断生长修复。上述的发热、

---

① 因固定不动等原因，使得胶原纤维异常黏连周围的结构，造成损伤后结构活动受限等情况。

肿胀等情况会逐渐消失。这个阶段可能持续 6 周。但是，愈合后的韧带纤维是比较纤细且排列不规则，非常脆弱。

因此，康复的重点是合理运动，逐步强化愈合后的组织。在愈合后的韧带可忍受范围内进行运动，并且不会由于过度运动引起再次伤害与发炎。

运动方面，我们可以选择在不痛的范围内主动运动与多角度等长收缩运动。例如，当你腕关节扭伤，你可以在不同的角度下施加阻力，保持向上抬手腕的动作。当然，如果你还有关节僵硬的情况，可以加入拉伸运动增加柔韧性。

但是在这个时期内，要尤其注意运动过度的现象：

①运动过程中出现疼痛或增加疼痛；

②运动后的正常酸痛或疲劳感，在运动后 4 小时并未减少，在 24 小时内并未消失；

③运动后出现肿胀、发红与发热的情况。

一旦出现这些情况，需要停止运动，运动后可适当冰敷，并在下次运动中减少运动量。

3. 慢性期

慢性期基本没有发炎迹象，主要是韧带的成熟和重塑，可以持续超过 12 个月，即一年。

但是可能由于前期恢复不够好，会出现关节活动受限或者活动末端疼痛。比如，当你完全向前绷紧脚踝，可能会有疼痛感，但是平时步行不会带来任何疼痛。

在这个时期，康复的重点是让修复后的韧带重新适应运动。

研究发现，在韧带损伤后 6 周到 1 年内，仍有大部分患者有韧带松弛和关节不稳的情况。因此，在运动方面，我们需要进行力量强化、耐力提升、本体感觉与功能性运动康复训练，以增加修复后韧带的强度与弹性，增强关节的稳定性与控制能力，逐步恢复高需求的运动（如跑步）。

常见损伤康复：踝扭伤

在所有的运动损伤中，踝关节扭伤占了 20%～40%，是所有运动损伤之最。而马拉松跑步和越野运动是踝关节扭伤的多发运动。

踝关节是人体最重要的承重结构。它主要由胫骨、腓骨和距骨组成，使得脚部能弯曲上下移动；并有韧带附在连接的骨头上，防止踝关节过度运动。踝关节扭伤一般表现为韧带拉伤或撕裂。

马拉松和越野比赛时间长，难度大，对运动员的身体素质要求非常高。只要跑者稍有着陆不当或用力过度，韧带会被过度拉伸，出现拉伤或撕裂，导致脚踝疼痛和肿胀。踝关节承重困难，让跑者难以继续参赛。通常按韧带拉伤的程度不同，踝关节扭伤可分成三个等级：一级、二级、三级，如图 22-2 所示。每个级别的康复时间是不一样的。

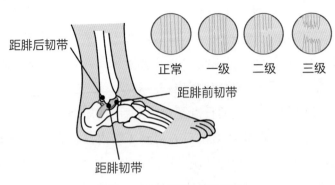

图 22-2　踝关节的扭伤程度

一级：韧带被轻微拉伤或撕裂，无松动。扭伤处疼痛和肿胀，多数伤者不需要拄拐杖行走，但无法慢跑和跳跃。通常需要 2 ～ 4 周的时间康复。

二级：韧带部分撕裂，轻微松动。扭伤处除了疼痛和肿胀外，还有明显的瘀血，伤者行走时会疼痛，需要拄拐杖以承担部分体重。通常需要 6 ～ 8 周的时间康复。

三级：韧带完全撕裂，且非常松散。此时伤者可能有明显的关节不稳定感，难以步行。这是非常严重的情况。若要进行手术，基本上需要 4 个月至 6 个月的时间。

康复第一步：按 POLICE 原则应急处理

如果你在发生踝关节扭伤后仍继续跑步，只会让扭伤更加严重，可能直接让一级恶化成二级，影响后续康复。所以，扭伤踝关节后，第一时间应按照 POLICE 原则（具体内容详见第四部分第一章）做好应急措施。这是踝关节扭伤康复的第一步。

踝关节扭伤后，如果在 48 ～ 72 小时内没有消肿，或在 48 小时内即使拄拐杖仍无法行走，应立刻寻求医生的帮助。如果你可以不依赖拐杖并用正常的步态行走时，即可进行一些康复运动来慢慢恢复踝关节的灵活性，锻炼其力量和平衡，确保踝关节扭伤的完全康复。

康复第二步：急性期消肿运动

通常在损伤后 1 ～ 2 天进行，如图 22-3 至图 22-6 所示。

1. 被动脚踝运动

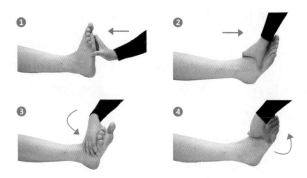

图 22-3　被动脚踝运动

　　动作要点：借助自己、他人或器械的力量，被动前后、内外方向活动脚踝。

　　注意：刚开始的时候，需要从小幅度、缓慢开始。运动过程中以及运动后不要让疼痛加重。

2. 等长收缩脚踝运动

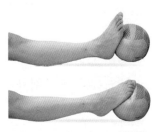

图 22-4　脚踝向前侧顶球

图 22-5　脚踝向外侧顶球

图 22-6　脚踝向内侧顶球

如图 22-4 至图 22-6 所示，坐位，脚踝分别向前侧、外侧、内侧三个方向顶住球直到肌肉有收缩感。各保持 5 ～ 10 秒，然后放松 10 秒。

注意：刚开始的时候，要小幅度、低强度开始，不要首次就用尽全力。

康复第三步：亚急性期修复运动

通常在损伤后 3 ～ 7 天开始。

1. 主动脚踝运动

如图 22-7 至图 22-8 所示。

（1）屈背运动

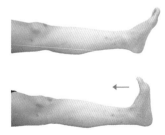

图 22-7　屈背运动

仰卧伸直伤腿，控制脚踝前后摆动，在疼痛可承受的范围内摆动 10 ～ 15 次。

（2）划字母运动

图 22-8　划字母运动

坐在椅子上，双脚脚掌平放在地面，抬高受伤的脚踝并用脚趾划字母，划 10 个字母。

2. 多角度等长收缩脚踝运动

这是上一阶段的升级版。

在初期进行等长收缩脚踝运动，往往由于疼痛的因素，无法在关节活动后端进行等长收缩顶住球的运动。但是随着韧带炎症的逐步消散，进入亚急性期，脚踝的活动度会随之增加。

本次等长收缩则是在同一方向上，不同的活动范围顶住球直到肌肉有收缩感。各保持 5 ～ 10 秒，然后放松 10 秒。

注意：刚开始的时候，要小幅度、低强度开始，不要首次就用尽全力。

康复第四步：慢性期功能运动

随着发炎迹象减退，基本上没有肿胀、发热、发红的情况。这个阶段是损伤韧带的成熟和重塑期，可以逐步开始高强度运动。此阶段开始的时间需要看损伤以及恢复的程度。

1. 肌肉力量、耐力强化训练

姿势如图 22-9 至图 22-10 所示。

（1）坐姿抬腿运动

图 22-9　坐姿抬腿运动

坐在椅子上，双脚着地，尽可能提高伤脚的脚跟，身体慢慢往前倾，使身体重心偏向伤脚，同时保持脚趾不能离开地面，保持 15 秒，将脚跟返回地面，重复 10 ～ 15 次。

进阶版：站立踮脚运动

图 22-10　站立踮脚运动

双脚合并站立，慢慢抬起脚跟，慢慢地向前抬起左腿，将身体重心转移至右腿，注意右膝盖不弯曲，慢慢放下左腿，交换腿重复动作，重复 10 ～ 15 次。注意，抬腿时，保持支撑腿膝盖不能弯曲。必要时，可以通过扶墙来保持身体平衡。

（2）弹力带抗阻运动

如图 22-11 至图 22-14 所示，把弹力带绑在脚背上，根据阻力的方向分别在前、后、左、右四个方向做抗阻运动。每个方向重复 10 ～ 15 次。

图 22-11　弹力带向前抗阻运动

图 22-12　弹力带向后抗阻运动

图 22-13　弹力带向右抗阻运动

科学跑步
跑步损伤的预防与康复指南

图 22-14　弹力带向左抗阻运动

2. 本体感觉平衡训练

本体感觉平衡训练可贯穿整个运动康复过程。当踝关节消肿后，你应该在疼痛可忍受范围之内进行平衡训练。也就是说，你在进行所有上述康复运动的同时，还需要加入平衡训练——闭眼单脚站立运动。如图 22-15 所示。平衡训练可以帮助身体恢复平衡感，防止踝关节的二次损伤。更多本体感觉平衡训练可见第三部分第十七章的内容。

图 22-15　闭眼单脚站立运动

注意：如果在训练过程中或者第二天出现疼痛或症状加重的情况，应该停止运动，并寻求物理治疗师的帮助。

3. 功能性运动康复训练

阻力式步行

在患侧脚踝处绑定弹力带，弹力带另一端固定在其他稳定性物体上，然后进行阻力步行。更多跑步功能性训练内容见最后一章。

踝关节发生第一次扭伤后，其再次扭伤的风险高达40% ～ 70%。而运动康复不仅可以让踝关节扭伤完全康复，还可以防止踝关节再次扭伤。

第二十三章

肌肉损伤后，你懂怎么高效康复吗？

肌肉损伤的康复是一个具有挑战性的问题。

虽然肌肉在受伤后仍然保持再生能力，能够自我修复损伤组织，但由于损伤肌肉可能形成疤痕组织，它的恢复，通常是低效的与缓慢的。轻度肌肉损伤也可能需要3～6周的时间康复。这意味着，你可能因为肌肉损伤暂停跑步数周之久。

损伤后的肌肉，很难实现完全再生与100%全功能恢复。损伤的肌肉无法完全康复，将会直接影响到肌肉的收缩发力与各肌肉群的相互配合。你可能会发现肌肉拉伤后的跑步速度与跑步距离均有所下降。这也就变相限制了你的跑步成绩。

如果在肌肉损伤恢复阶段，仅是休息，没有加入合适的康复运动，那么后期肌肉的功能恢复将会更加难、更加缓慢。因此，学会处理肌肉损伤的高效康复方法，显得至关重要。

本章内容会通过讲解肌肉结构、愈合过程、损伤程度，告诉你如何高效康复。

有关肌肉损伤的基本知识

我们常说的肌肉损伤是什么？

根据肌肉的结构与功能，肌肉可以分为骨骼肌[①]、心肌与平

---

① 　骨骼肌，是可以自己感觉、控制收缩的肌肉，主要附着在骨骼上。

滑肌[①]三类。

在跑步损伤中的肌肉损伤，通常是指骨骼肌的损伤。大多数骨骼肌是附着在骨骼上的，在神经系统的支配下，通过收缩牵动骨骼进行运动。例如，跑步中"抬腿"的动作，主要依靠大腿前侧等肌肉群收缩牵拉大腿骨完成。而当你大腿前侧肌肉受伤疼痛时，你会很快发现"抬腿"的动作难度加大，影响你的步速，甚至完全抬不起腿导致无法继续跑步。

根据损伤的原因，肌肉损伤大致可分为挫伤、拉伤与撕裂伤三类。我们常说的肌肉损伤，通常是指肌肉挫伤或拉伤。这是因为肌肉撕裂伤是一种十分少见的运动损伤，而超过90%的运动损伤是挫伤与拉伤。

撕裂伤是指尖锐性物体导致的开放性损伤，比如玻璃划开肌肉，存在伤口的情况。这一类损伤需十分注意预防伤口感染。挫伤是指在钝性物体（如足球）撞击的情况下出现的非开放性损伤，比如跑步过程中肌肉被物体撞击，但皮肤没有破裂。拉伤是指在运动中急剧收缩或过度牵拉引起的非开放性损伤，比如跑步时腿突然抽筋或者拉伸过度导致肌肉拉伤，但皮肤没有破裂。

肌肉愈合阶段怎么高效康复？

虽然说肌肉的损伤有很多种，但是大多数情况下，肌肉损伤后的愈合修复过程是类似的。它主要分为三个阶段：破坏期；修复期；重塑期。

在说明肌肉愈合过程之前，我们需要先了解骨骼肌的结构。

---

① 心肌与平滑肌，是不通过自己考虑，本身就能随意收缩的肌肉。前者位于心脏，后者存在于消化系统、血管、膀胱、呼吸道和女性的子宫中。

简单来说，骨骼肌是由肌纤维和结缔组织构成的。如果我们把肌肉放大，会发现肌肉像是电缆，由一条条细小的纤维捆扎组合起来的。其中，我们把这些纤维称为肌纤维（肌细胞），它主要负责肌肉的收缩功能。而捆扎肌纤维的组织，则为结缔组织。在肌肉收缩期间，它会把单个肌纤维连接在一起，让这些肌纤维向同一方向收缩发力，从而转化为有效的运动。

接下来，我来简要介绍肌肉愈合过程中到底会发生什么以及我们需要做些什么才能高效康复。

1. 破坏期

血液开始填充满损伤部位，出现我们常说的肿胀。而血液中含有炎症细胞，它们会淹没损伤部位，将其与外界隔离开，以确保肌纤维的坏死不要延伸到其他部位。这是因为肌纤维呈梭形并且非常长，如果不隔离开，就存在着坏死从损伤部位末端延伸到整个肌纤维的风险。

这个阶段通常会持续 1 ～ 2 天。

康复建议：

参考第一章讲的 POLICE 原则，首先停止跑步，可使用夹板等固定损伤部位，避免二次损伤。另外，也可以适当冰敷。

2. 修复期

此阶段主要会发生两件事情：一是坏死的肌纤维被清除；二是新的组织生成。

这个新生组织可分为两种：一是新的肌纤维；二是结缔组织与肌纤维的混合物。其中，混合物会在重塑阶段逐步发展为疤痕组织。

这个阶段通常会在损伤后 4 ～ 5 天开始，在损伤后 2 周达到峰值，损伤 3 ～ 4 周后逐渐减少。

康复建议：

这个阶段重点是由固定休息阶段逐步往早期运动阶段过渡。

毕竟，长时间固定休息容易形成过多的疤痕。适当运动能够促进血液循环以加快肌纤维再生速度与新生肌纤维的强度，同时减少后期疤痕的形成。建议在疼痛可承受范围内选择温和的拉伸运动，与不涉及关节活动的等长收缩运动，例如绷紧大腿保持 10 秒。

3. 重塑期

这个阶段会跟修复期有比较大的重叠。在重塑期间，新生组织会继续生长逐步成熟。

在前面，我们了解到肌肉像是由一条条细小的纤维捆扎组合起来的电缆。其中，肌纤维的排列都是有序的，像一根根平行线排列。但是新生的结缔组织与肌纤维混合物（疤痕组织）的排列是随机的，很容易相互交叉，排列混乱，变成团块而非相互平行。这样就会造成肌肉力量与柔韧性的下降，难以达到100% 全功能恢复。这也是为什么容易一年内再次损伤的原因。

此阶段可以持续 4 ~ 6 个月。

康复建议：

此阶段康复的重点是帮助新生组织生长成平行线，避免疤痕组织排列混乱形成团块，以及让愈合后的新生组织去重新适应运动。

因此，除了常规的肌肉力量与耐力强化训练，最好还需要加入相关的本体感觉与稳定性训练，让其重新适应跑步的冲击。当然，也可以自己尝试进行一些简单的手法，如用手搓肌肉损伤部位 1 ~ 2 分钟，一天 2 ~ 3 次，但是搓的方向应该与肌肉（肌纤维）走向垂直。

肌肉损伤到再次跑步需要多久？

这是没有一个固定答案的。它涉及很多的因素，比如受伤的原因、位置与程度等。有研究表明，过度拉伸引起的肌肉拉伤会比跑步中肌肉突然急剧收缩（如抽筋）引起的拉伤，需要更长的时间才能愈合。由于休息时间少，参与呼吸与维持坐、站等姿势的肌肉损伤会比四肢的肌肉损伤需要更长的时间，如肩颈的肌肉。毕竟，你总不能为了让肌肉休息而不呼吸了吧。

至于肌肉损伤的程度，轻度损伤通常需要数天到一个月；中度损伤会需要 2 ～ 3 个月甚至更久；重度损伤大多数需要接受手术治疗，通常需要超过半年的时间。

肌肉损伤程度分一级、二级、三级，如图 23-1 所示：

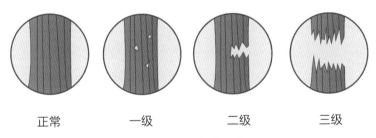

| 正常 | 一级 | 二级 | 三级 |

图 23-1　肌肉损伤程度

1. 一级（轻度）损伤

仅少量肌纤维撕裂，具有轻微肿胀和不适，可能有极小的力量下降和运动受限。

2. 二级（中度）损伤

有较多数量的肌纤维断裂，在损伤处有明显肿胀，以及明显丧失肌肉收缩功能，即肌肉难以发力。

3. 三级（重度）损伤

整个肌肉完全断裂，肌肉收缩功能几乎完全丧失，基本不能进行活动。

不过，这里有两个简单的方法帮助判断自己是否能够跑步了。

①与未受伤侧肌肉对比，损伤部位肌肉伸展的幅度和力量的强度差距相当。

②在短时间 3 分钟内的慢跑中，损伤部位的肌肉不会出现疼痛。

在跑步过程中，较为常见的是大腿前侧与大腿后侧肌肉损伤，下面会详细介绍二者对应的高效康复方法。

常见损伤康复：大腿前侧肌肉拉伤

如图 23-2 所示，大腿前侧肌肉即股四头肌，是由股直肌、股中间肌、股内侧肌、股外侧肌组成，是维持膝关节稳定、行走和奔跑的肌肉之一。其中，股直肌连接着髂骨和膝关节，股中间肌、股内侧肌、股外侧肌连接股骨和膝关节，维持着伸膝屈髋的功能。

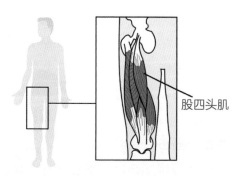

股四头肌

图 23-2　股四头肌

跑步步幅过大、速度过快、肌肉僵硬是跑者出现股四头肌拉伤的常见原因，有股四头肌损伤史的跑者更容易在跑步时出现股四头肌二次拉伤。

股四头肌拉伤的康复

股四头肌拉伤后，跑者会发现伸膝屈髋时大腿前侧疼痛，可能还伴随着肌肉痉挛、肿胀或瘀伤、肌无力等症状。

三级拉伤通常需要手术治疗，一、二级拉伤，可按照运动损伤的应急处理措施进行紧急处理。

在 3 ～ 5 天后，跑者应在治疗师的指导下进行康复治疗。

为促进周围血液循环，促进股四头肌恢复，缓解疼痛，跑者可进行一些低强度的拉伸运动，如股四头肌拉伸运动。如图 23-3 所示。

图 23-3　股四头肌拉伸运动

注意：如果站立时会疼痛，可侧卧或趴着做此动作。拉伸的目标不是让脚后跟接触臀部，而是要感觉大腿前侧肌肉逐渐伸展。如果你还不能在伸展时抓住脚踝，可以尝试使用毛巾绕着脚踝，抓住毛巾两端。

随着股四头肌柔韧性的恢复，可在疼痛可承受的范围内进行股四头肌的强化运动，以强化股四头肌的力量，如短弧膝关节终端伸直运动，如图 23-4 所示。

图 23-4　短弧膝关节终端伸直运动

仰卧，将一条毛巾卷放在膝关节下，使膝关节伸直，然后做上下抬腿动作。每天 2 ～ 3 组，每组 10 ～ 15 次。为增加动作难度，可在踝关节附近绑一个沙包，做直膝抬腿动作。

注意：沙包重量应需在疼痛可忍受范围内或不痛为宜；有韧带受伤时不可练习此动作；此后，可慢慢增加动作的弧度和难度。

同时，应该进行本体感觉训练，如图 23-5 所示，闭眼单腿站立 1 分钟。这个运动有助于保持膝关节的稳定性，为恢复正常运动做准备。

图 23-5　闭眼单腿站立运动

值得注意的是，腘绳肌和股四头肌的肌力比例在 50% ～ 80% 为宜，100% 表示腘绳肌和股四头肌的肌力相等。如果低于或者高于这个比例，会增加膝关节损伤的概率。因此，训练时要注意腘绳肌和股四头肌的肌力平衡。

当跑者满足以下条件时，可逐步恢复跑步。

①跑者在治疗师的指导下完成股四头肌的拉伸、强化和本体感觉训练等康复训练；

②疼痛消失，股四头肌的活动不受限；

③通过治疗师的运动评估。

刚开始恢复跑步时，要注意慢跑过程或慢跑后股四头肌有无疼痛，如果没有疼痛感，第二天可以继续慢跑；如有疼痛感，可冰敷股四头肌 15 ～ 20 分钟，缓解疼痛，并继续股四头肌的康复训练，加强股四头肌的柔韧性和力量。

常见损伤康复：大腿后侧肌肉拉伤

腘绳肌位于大腿后侧，是由半腱肌、半膜肌、股二头肌长头组成的肌群，如图 23-6 所示。在跑步中，腘绳肌能帮助跑者屈膝和伸髋，防止胫骨过度向前，稳定膝关节。

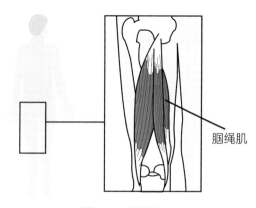

图 23-6　腘绳肌

在跑步中，腘绳肌需要不断运动，当跑者的跑量和跑速超过腘绳肌正常的承受范围时，腘绳肌无法及时应对跑步带来的压力和疲劳，会发生腘绳肌拉伤，通常表现为大腿后侧突然刺痛。特别是出现以下情况时，更容易发生腘绳肌拉伤。

①跑前没有适当热身；

②大腿前后的肌肉力量不平衡；

③大腿前侧肌肉（股四头肌）张力过大；

④臀部的肌肉力量弱。

严重的腘绳肌拉伤可能会导致跑者无法正常走路或站立，除此之外，腘绳肌拉伤还会表现为：

①跑步时突然出现剧烈的疼痛；

②走路、伸腿或弯腰时，大腿后侧会疼痛；

③用手按压大腿有压痛感；

④红肿。

对于跑者来说，疼痛无小事，即使是轻微的拉伤都应该做好及时的处理。如果疼痛难忍，建议跑者及时让医生检查拉伤的程度，以进行适当的治疗。重度的腘绳肌拉伤可能会导致肌肉完全断裂，此时需要考虑腘绳肌修复手术。而轻度或中度的腘绳肌拉伤往往可以通过适当的拉伸和强化运动帮助其快速康复。

腘绳肌拉伤极容易变成慢性损伤，而且超过 2/3 的腘绳肌拉伤跑者在一年内发生再次拉伤。不过，全面的运动康复和专项训练能预防腘绳肌再次拉伤。所以，在急性期后，跑者应在治疗师的指导下进行运动康复计划。

一般来说，急性期可持续 3～4 天。发生拉伤后，应立即进行冷敷、加压包扎、抬高等紧急处理。待急性期过后，可交替进行热敷和冷敷。在治疗的后期，可侧重每天热敷 20 分钟，以刺激血液循环和肌肉放松。

非急性期的康复计划

当大腿的疼痛逐渐消失，跑者可在治疗师的指导下，进行适当的腘绳肌拉伸运动，并逐步进行强化锻炼。这可以帮助腘绳肌快速康复，并且预防腘绳肌再次拉伤。

拉伸运动

在拉伤后的 2 ～ 4 天，跑者可以在不引起疼痛的情况下进行轻柔的伸展运动。

首先进行静态腘绳肌拉伸运动，提高腘绳肌的柔韧性。如图 23-7 所示。

图 23-7　静态腘绳肌拉伸运动

仰卧，双腿屈膝，双手抱住一侧大腿，大腿尽量伸直，保持 10 秒。每天 5 次，每次 10 秒。注意：做此运动时跑者应在疼痛可承受的范围内进行。当跑者做此动作无疼痛感至少 3 天时，跑友可进行下一个动作。

当疼痛逐渐消失，你可以在疼痛可忍受范围内加入动态腘绳肌拉伸运动，提高腘绳肌的灵活性，如图 23-8 所示。

图 23-8　动态腘绳肌拉伸运动

仰卧，双腿做交替抬腿运动，抬腿时请尽量伸直膝盖。每天 3 组，每组 10 次。

注意：跑者需在疼痛可忍受范围内进行该运动。此动作不适合腰痛者。

强化运动

跑者可以在疼痛可忍受范围内，尽可能快地开始强化运动，预防腘绳肌的再次拉伤。

腘绳肌的强化运动应先从静态的强化运动开始，逐步过渡到动态的强化锻炼，如图 23-9 至图 23-11 所示。

1. 等长收缩运动

图 23-9　等长收缩运动

俯卧，伤腿屈膝，协助者双手放在跑者脚踝处，施加阻力，跑者用力屈膝，但膝关节保持不动，感觉大腿后侧有收缩感即可，保持 5～10 秒。每天 3 组，每组 10 次。

2. 站立屈膝运动

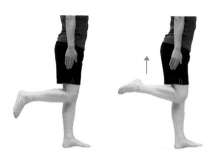

图 23-10　站立屈膝运动

单腿站立，伤腿向后屈膝 90 度，继续屈膝抬起小腿，再返回屈膝 90 度位置，每天 3 组，每组 10 次。注意：在锻炼后期，跑者在疼痛可忍受范围内，在脚踝处绑一个沙包，负重进行抬腿运动。

3. 弓步运动

图 23-11　弓步运动

双腿前后站立，做弓步动作，返回起始位置。每天 3 组，每组 10 次。

注意：做弓步动作时，前后膝关节尽量屈膝 90 度，但后膝关节不能碰触地面。

跑者通过以上运动慢慢减少腘绳肌拉伤的疼痛，并逐渐强化腘绳肌的力量。康复时间需要看拉伤程度而定，但恢复以前的运动量则需要跑者满足以下条件：

①步行时没有疼痛感；

②屈膝时不受限；

③在慢跑训练、冲刺训练、跳跃训练时没有疼痛感。

最后，跑友必需经过专项的体育训练才能全面恢复运动量和参加比赛，如马拉松。

第二十四章

跑步至应力性骨折，需要躺 100 天吗？

在跑步过程中，你可能觉得发生或轻或重的肌肉损伤，是可以解释和接受的，但是当你知道有人跑步跑到骨折时，会不会觉得细思极恐？很多人在接触跑步时，只把它当成一项健康运动，并没有跑步损伤的意识。确实，跑步是一项健康的有氧运动。很多人希望通过跑步预防和解决一些健康问题，但是跑步也有可能会给这些人带来其他的健康隐患——跑步损伤，比如应力性骨折。

据统计，约 20% 的跑步损伤是应力性骨折，而且这类损伤在女性跑者中更加常见。应力性骨折，又称疲劳性骨折，因重复性或节奏性的压力导致骨骼出现微小裂缝。在跑步中，通常由过度训练引起，在长距离的负重跑，如马拉松比赛中尤为常见。

另外，当你过快地开始一个新的跑步训练，也是很容易由于过度训练导致应力性骨折。应力性骨折是一个疲劳慢慢积累并爆发的结果。起初，你可能不会在骨折的部位发现任何相关疼痛，但是随着时间的推移，你会慢慢发现在特定部位出现压痛和肿胀，并且在跑步过程中症状明显加重。

那么跑步跑到骨折了，还能不能继续跑步？有没有什么方法可以让骨折尽快康复？下面将会详细介绍遇到骨骼损伤该如何处理。

有关骨骼损伤的基本知识

研究发现：跑得越多，越容易骨折？

据发表在国际权威期刊《英国运动医学杂志》的一份研究发现：跑得最多的女性，骨密度最低；每周增加 10 千米跑量，骨密度会下降 1% 至 2%；肌肉较多的女性，骨密度下降相对较少。

骨密度是衡量骨骼强度的重要指标。低骨密度是骨质疏松的信号，同时意味着未来出现骨折的风险高。

那么，这份研究不是与之前说的跑步促进骨骼生长、增加骨密度、预防骨质疏松恰恰相反吗？

其实，像肌肉一样，骨骼也能够在每次跑步中得到成长。这是因为跑步带来的压力，能够加速骨转换的过程，即促进成骨细胞生成更多健康的骨组织以增加骨密度，促进破骨细胞消除磨损的骨组织以完成新旧替换。但是在跑步时，下肢关节承受的压力大概是行走时体重的 4 ~ 8 倍，当跑步带来的负荷过大，累积的损伤超过骨转换的速度，就容易导致骨密度下降，影响骨骼健康，增加应力性骨折的概率。

对于经常跑步的跑者，该如何预防骨量流失呢？

建议在跑步之余加入负重训练，增强肌肉力量。这是因为跑步时，身体需要承受地面带来的冲击力，而肌肉作为主动减震器，能够减少骨骼承受的冲击负荷。

那么，当出现骨折时，我们具体应该如何处理，需要躺 100 天吗？

骨折愈合，真的需要 100 天吗？

我们常说的"伤筋动骨一百天"是指骨骼愈合需要较长的时间，并不是真的说需要 100 天才能愈合。毕竟，骨骼愈合的时间会因年龄、骨折位置与类型不同而不同。

跟石头不一样，骨骼是活的组织，它会持续不断地更新强化自己。这个过程主要会涉及两种细胞：成骨细胞与破骨细胞。在 20 岁前，即便你的身高已经停止生长了，成骨细胞活动都是非常活跃的，它会不断地生成骨组织，增加骨密度强化骨骼。直到 30 岁时，人的骨量会到达最高峰。

由于成骨细胞的活跃度与年龄相关，当出现骨折时，恢复时间上，儿童通常会需要 28 ～ 42 天，青少年需要 42 ～ 56 天，成年人需要 70 ～ 126 天。

骨折恢复需要的营养物质是依靠血液供应的，比如成骨细胞需要从血液中摄取钙，将其重新分布在受损的骨骼上。在血液供应相对不好的地方出现骨折会需要更长的时间愈合。

骨折损伤程度越严重、复杂，如粉碎性骨折或在骨折后骨头出现移位，成骨细胞修复的难度就越大，所需恢复的时间就会越长。

处理方法：绝对卧床 VS 合理运动

那么在这么多天里，我们只能躺着吗？

不可否认，卧床休息能够有效避免骨折部位出现二次损伤，有利于促进损伤部位的愈合，可是你真的需要卧床那么久吗？

下面从骨折后骨头愈合的过程，说明卧床与运动的关系。

简单来说，骨折愈合的过程就是一边清除坏死组织、一边修复重塑损伤组织的过程。不管是否接受手术，骨折愈合一般分为以下三个阶段。

1. 炎症期

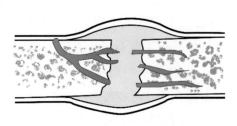

图 24-1　骨折区域出现炎症肿胀

骨折，除了会对骨骼造成直接的破坏，还会伴有邻近血管的破裂。这样就会在骨折区域造成血肿，随后，血肿会凝结成血块。如图 24-1 所示。

同时，由于局部骨组织坏死，骨折区域会开始出现炎症反应。在炎症反应过程中，破骨细胞会开始清理破碎坏死的骨组织，成骨细胞会不断生成新的骨组织。

康复建议：

在这个时期内，为避免骨折部位进一步损伤，卧床休息与固定包扎骨折部位尤其重要。但是随着固定卧床时间的增加，在固定不动的区域会逐步出现肌肉萎缩、活动受限、软骨退化以及血液循环减少的情况。

为了减少固定不动与长期卧床的影响，建议在可承受范围内进行合理运动。

①主动活动在固定区域以上或以下的关节。如果骨折的位置是手腕，那么可以活动手指以及屈伸手臂。

②在未被固定的关节上进行抗阻运动。如果小腿胫骨骨折，可以进行大腿或臀部抗阻运动，为后期行走做准备。

2.修复期

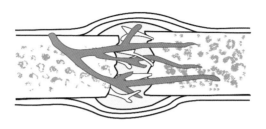

图 24-2　骨折的部分开始连接

这个时期主要分三步：

①初期的愈合会在血肿内发生。血肿会逐步演变成纤维结缔组织和软骨，把骨折断开的部分连接起来，如图 24-2 所示。

②然后，成骨细胞生成的骨组织会取代柔软的组织，即纤维结缔组织与软骨，最终硬化成硬的骨痂。

③接下来，骨痂会不断钙化，逐步发展为初级编织骨 [①]，达到临床愈合阶段。

康复建议：

通常在临床愈合阶段，是可以不用继续固定，能够在不影响骨折愈合的前提下合理运动。但新生组织总是比较脆弱的，在骨折没有完全愈合（新生的骨痂发展为板层骨）时，我们需要避免在骨折部位的远端进行牵拉运动与抗阻运动。具体运动建议如下：

①在骨折部位，进行间歇性的轻度等长收缩运动，如在不活动关节的前提下，收缩绷紧肌肉。

②随着关节活动度的改善，进行骨折部位轻度阻力运动，但应在骨折临近部位施加阻力，而不是在骨折远端抗阻。

---

① 编织骨是不成熟的骨组织，在重塑期时会逐步发展为板层骨。

③对于下肢骨折的跑者，下床步行时，尽量先依靠拐杖等辅具进行部分承重运动。在骨折完全愈合后再放弃辅具完全承重行走。

3. 重塑期

这是骨折愈合的最后阶段。在成骨细胞形成骨组织与破骨细胞消除骨组织的协调作用下，不成熟的骨组织（编织骨）会被进一步强化为成熟的板层骨，骨折部位会逐步恢复成原始未受伤前的形状，即达到放射线性愈合阶段，如图 24-3 所示。

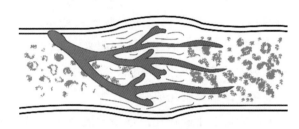

图 24-3　骨折区域出现炎症肿胀

康复建议：

当骨折恢复达到放射线性愈合阶段，说明损伤的骨头已具有正常完整的结构，能够承受正常的压力。此时可以开始提高运动强度，逐步恢复损伤前的跑步强度。

常见损伤康复：胫骨应力性骨折

据统计，23% 的应力性骨折发生在胫骨。胫骨位于小腿内侧，是小腿的主要承重骨。胫骨应力骨折最常出现在骨干（长骨中间区域）的地方，如图 24-4 所示。

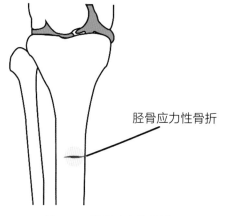

胫骨应力性骨折

图 24-4　胫骨应力性骨折

当你的小腿内侧出现胫骨应力性骨折，你会出现下列症状：

①夜间出现疼痛；

②疼痛位置主要在小腿内侧；

③在跑步、单腿踮脚尖、单腿跳跃时，疼痛会出现或者加重。

由于胫骨应力性骨折容易与其他疾病（如胫骨内侧应力综合征）混淆，当出现上述症状，请尽快就医确诊。

为何这么多的跑者发生胫骨应力性骨折？往往是由于新跑者缺乏适应性训练，科学运动的经验不足等，如：

①忽视了跑前热身、跑后拉伸，或者拉伸动作错误。

②训练强度过大，突然增加跑程。每次增加跑程不应超过前跑程的 10%。有些新跑者看到其他跑者每日跑 10 千米非常轻松，就跟打了鸡血似的跟着跑，但却忽略了自己以前最多只跑6 ～ 7 千米，一下子把里程提高，不受伤才怪。

③小腿前后的肌肉力量不平衡。

④在硬地面上跑步。水泥地、石头地等硬地面较难给跑者提供足够的缓冲力。

⑤跑鞋的鞋垫和鞋底已磨损，无法给脚部提供足够的缓冲力。

⑥下肢生物力学异常，如O型腿、X型腿、胫骨扭转、扁平足、长短腿等。

以上情况都有可能导致胫骨承受的压力异常增大，从而诱发胫骨应力性骨折。有经验的跑者如果也不注意以上情况，也会导致胫骨应力性骨折。如果跑者已经出现小腿疼痛，尤其是运动时疼痛加剧时，应及时找医生确诊胫骨应力性骨折的可能性，并做好应对措施。

如果你已经确认是胫骨应力性骨折，可结合医生建议，参考以下方式进行处理。

第一阶段：休息 3 ～ 10 天

具体休息多少天，取决于自己损伤的严重程度，损伤越严重，休息的时间就相对长一些。在这个阶段，康复重点应该是缓解疼痛和肿胀。

在此阶段内，你可以这样处理：

①停止负重运动，在康复治疗师的指导下进行适当的非负重运动，直至步行不会引起疼痛症状为止。负重运动会给肌肉骨骼较大的负荷，常见的负重运动有步行、跑步、举重等。

②适当休息，通过冰敷疼痛部位和抬高患肢减轻肿胀。

③如果在此阶段的后期慢慢步行 0.8 千米也不会引起疼痛，那么你可以开始进入康复第二阶段。

④在此阶段，可以加入其他部位的肌肉力量锻炼与拉伸运动，以避免长时间的休息造成肌力减退，从而影响后续的康复，延迟康复时间。参考锻炼如图 24-5 至图 24-8 所示。

蚌形伸展运动

图 24-5 　蚌形伸展运动

对侧支撑运动

图 24-6 　对侧支撑运动

腘绳肌伸展运动

图 24-7 　腘绳肌伸展运动

直腿小腿拉伸运动

图 24-8 　直腿小腿拉伸运动

第二阶段：交叉训练 4～7 周

在这个阶段，康复的重点是在疼痛可承受的范围内进行强化锻炼和交叉训练。此时，要注意：

①需在疼痛可承受的范围内加入进一步的强化训练和交叉训练。

常见的交叉训练有游泳、水中行走、散步、骑自行车等。同时要注意，强化训练应每隔一天进行一次。要注重各个肌肉群之前的肌力平衡锻炼，也就是说，在专注腿部肌肉力量强化锻炼的同时，也要注意上肢、核心肌群的肌肉力量锻炼。

②至少在 3 周后才能开始尝试慢跑练习。如果慢跑会引起疼痛，那么应暂停慢跑练习，并把慢跑练习的时间推迟 1 周，避免给胫骨造成额外的伤害。

③在第二阶段的最后时期，如果你能在无痛的情况下完成 10 分钟慢跑，那么可以进入康复第三阶段。

④在此阶段，你可以加入下肢的肌肉伸展运动，缓解肌肉的僵硬感，恢复肌肉的柔韧性，从而促进损伤恢复。

具体的下肢肌肉伸展运动，你可以继续加入上阶段的腘绳肌拉伸运动和直腿小腿拉伸运动（见图 24-7 至图 24-8）。除此之外，还可以加入站立跖脚运动和弓步运动，如图 24-9 至图 24-10 所示。

图 24-9 站立跖脚运动

图 24-10　弓步运动

第三阶段：用 4 周的时间进行恢复跑步练习

在 4 周的时间内进行恢复跑步练习，需遵循跑步的黄金法则 10% 原则，即每周增加的跑量不应超过上周跑量的 10%。具体的练习内容将在这部分的第七章详细介绍。

第二十五章
其他跑步损伤

千里之行，始于足下。你对跑步的热情是否已经到了每日打卡跑步的程度？是否会觉得一天不跑步就心痒难耐的？虽然不是每个跑者都会有这样的疯狂境界，但是每日跑步打卡的跑者也不在少数。毕竟，现在的跑团活动、马拉松活动琳琅满目，相应的跑步活动和赛事也就频繁起来。在前面也已经反复地提到过，过度的跑步运动容易引起各种各样跑步损伤。除了前文提到的肌肉损伤、韧带损伤和骨骼损伤，在跑步过程中，你可能还会遭受足底筋膜炎、水泡、脚底老茧、黑指甲等或轻或重的跑步损伤。

相比于韧带撕裂和骨折，水泡、脚底老茧、黑指甲，虽然看起来是很轻微的跑步损伤，但是对跑步成绩和生活作息还是有比较大的影响，而且水泡和黑指甲如不科学处理，还有细菌感染的危险。所以，严谨对待跑步损伤的态度，你不能因损伤的严重程度而异。即使是轻微的跑步损伤，你也应该严谨对待并科学处理。下面，我将详细介绍足底筋膜炎、水泡、脚底老茧、黑指甲等方面的康复方法。

足底筋膜炎，如何科学解决？

跑步后，你突然发现足跟或脚底疼痛，那你要留意自己是否有以下症状：早晨下床的第一步发现足跟有明显疼痛，行走一段时间后疼痛会缓解，但是跑步时间久了，疼痛又会加剧。这些都是足底筋膜炎的主要症状。

这时，你可以做一个小测试：如图25-1所示，坐在凳子上，手握大脚趾，将大脚趾用力背伸。

如果诱发疼痛，那你有可能患上足底筋膜炎了。但如果你晚上睡觉时足跟和脚底也会疼痛，那就考虑是否是其他疾病了。

图 25-1　测试足底筋膜炎

顾名思义，足底筋膜位于脚底，是连接脚后跟和脚趾的韧带，支撑起整个足弓。脚作为人体的支点，承受着人体的重量，而足跟承受了约60%的体重，如图25-2所示。当人行走或跑步，足跟接触地面时，足底筋膜是会受到牵拉，所以足跟部位是极容易出现足底筋膜炎的。

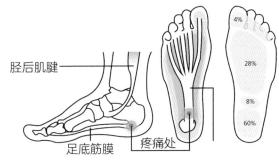

图 25-2　足底筋膜炎的位置和足部承重分布图

如果你已经确定是患了足底筋膜炎，那么你可以结合医生的建议，参考以下的方法进行处理。

在急性期，你可以参照前面的 POLICE 原则进行处理，以消肿止痛，大致内容有以下几点：

①休息。立刻减少跑量或者暂停跑步，这要看足底筋膜炎的严重程度。或者以另一种对足跟压力小的运动来代替跑步。

②尽量不要在硬地上久站或行走。

③每天冰敷足跟，可以减轻疼痛和肿胀。

随着肿胀的消散和疼痛的缓解，急性期过后，你可以进行针对性的康复运动，促进足底筋膜的恢复。此时，运动康复的目标主要是改善足部柔韧性，稳定脚后跟，减少足底筋膜张力。针对足底筋膜炎，比较常见的几组康复运动如图 25-3 至图 25-6 所示。

①屈腿小腿拉伸运动

图 25-3　屈腿小腿拉伸运动

②直腿小腿拉伸运动

图 25-4　直腿小腿拉伸运动

③脚趾被动伸展运动

图 25-5　脚趾被动伸展运动

④脚跟行走运动

图 25-6　脚跟行走运动

保持站立姿势，尽量抬高前脚掌，用脚跟步行，保持步行2分钟。

注意：练习时可以扶墙或桌子来维持身体平衡。

通过运动康复治疗几周后，疼痛会减少，但完全消失则可能需要持续康复治疗几个月或一年。

当疼痛完全消失后，跑者才可以慢慢增加运动量。刚开始可以尝试骑自行车、游泳，如果足跟没有出现疼痛，即可以尝试增加步行或跑步训练，注意刚开始跑步时运动量不要太大，需要慢慢恢复之前的运动量。具体的跑后恢复计划可以参考本部分第七章的内容。

做好这 5 点，预防足底筋膜炎

对于跑者来说，足底筋膜炎往往是过度训练的结果。所以，在跑步训练时，你应该时刻遵循10%原则，慢慢增加跑步强度、跑量或跑步时间，切忌操之过急导致过度训练。除此之外，预防足底筋膜炎，你可能还需要注意以下几点：

①穿适合的鞋子。当你跑了 724 ~ 885 千米之后，跑鞋的缓冲垫会因为长期的磨损而失去缓冲作用。一般 6 个月之后可能要更换新跑鞋，但是在你还不习惯新鞋子之前，你应该减少跑量。

②跑前热身。在跑步之前充分热身，尤其是小腿肌肉和足底筋膜的伸展和热身运动。

③跑步后，可适当冰敷脚跟，特别是在足底筋膜炎康复后跑步。

④跑步前做好高足弓或扁平足的调整。因为高足弓和扁平足会影响站立时的体重分布，增加对足底筋膜的压力，从而诱发足底筋膜炎。

⑤保持健康的体重。体重过大给足底筋膜的压力更大，也增加了患足底筋膜炎的概率。

以上是关于预防足底筋膜炎的关键点，详细的跑步损伤预防措施，你可以翻阅并参考本书的第二部分和第三部分内容。

足底筋膜炎也是身体疲劳的讯号之一，如果你正在遭受足底筋膜炎的困扰，一定要调整运动计划，尽量让小腿和足跟多休息。经过物理治疗，疼痛消失后再慢慢恢复训练强度。同时也要注意，平时的运动量太多，适当的休息也是进步。不然，强迫的锻炼只会适得其反，让身体落下病根，不进反退。

脚底有老茧，怎么办？

在跑步的过程中，脚底的皮肤经过长时间的摩擦，会出现老茧，尤其是足跟底下、周围和大脚趾内侧。这主要是因为这些部位在跑步过程中承受着更多的跑步压力，使得这些部位的皮肤角质层和细胞更容易老化，从而堆积成茧。即使不是跑步，在其他运动或日常行走中，你也会发现茧的存在。例如，在手持哑铃练习臂力之后，你会发现手掌内长了茧。

无论什么时候，老茧都是一个预防皮肤长水泡的好方法。但是如果茧越来越多，使得皮肤变厚，除了不够美观之外，也会让你很痛苦。例如，寒冬时，老茧容易皲裂，直接引起老茧底下的皮肤皲裂出血。所以如果你脚底的老茧很厚，那么你可以泡脚 10 ~ 15 分钟，当老茧变软后，用手指或者砂砾板轻轻摩擦老茧，把它们慢慢磨掉，如图 25-7 所示。但要注意，千万不要用刮胡刀等锋利的工具割老茧，容易割伤。

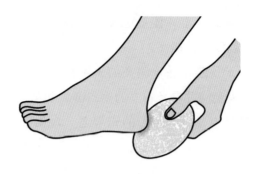

图 25-7　砂砾板摩擦脚底老茧

　　另外，选择大小合适的跑鞋也是很重要的。合适的跑鞋能尽可能地减少足部在鞋内过度活动，从而减少摩擦。

出现黑指甲，会传染吗？

　　你有没有尝试过在一次长跑或者马拉松赛事之后，突然发现自己的脚趾甲变黑了？这就是跑者常见的黑指甲问题。

　　黑指甲是常见的跑步损伤之一。那么为什么跑者出现黑指甲是很常见的事情呢？这就得看黑指甲的发生过程了：当你跑步时，指甲会不断地撞击跑鞋的前端或者鞋面的顶部，不断地受到较大的刺激，指甲下方出血，从而出现瘀伤，形成黑指甲。

　　一般情况下，导致黑指甲的最主要原因是鞋子不合脚，尤其是鞋子太小或者太短。相比于合脚的鞋子，太小或太短的鞋子使足部的活动空间严重受限，导致脚趾甲完全贴合鞋子的前端或顶部，当脚部撞击地面时，脚趾甲受到的冲撞更甚。

　　而太长或太宽的鞋子也会导致黑指甲，这主要是因为太宽或太长的鞋子使足部在跑步带来的不断地撞击下滑来滑去，刺激脚趾甲。

如果你发现不小心或者轻微地碰到脚趾甲时会引起疼痛，那么你可要警惕了，因为这是一个健康警告：如果你继续跑步，将有可能形成黑指甲。

所以，如果在跑步后碰触脚趾甲会出现疼痛，那么你接下来应该暂停跑步运动，让脚趾甲休息。如果你继续跑步，随着撞击的增加，脚趾甲受到的创伤也会增加，那么脚趾甲下方可能会出血，形成黑指甲。如果是指甲下方出血，形成黑指甲，那么你的恢复时间可能需要数天、数周甚至几个月的时间。

值得注意的是，出现的黑指甲虽然不会传染，但是却有细菌感染的危险。因为血液是一种非常完美的营养物质，而足部的细菌较多，当细菌得到更多营养的"滋养"，则有可能导致黑指甲处发生细菌感染。所以，如果发生黑指甲，鞋子、袜子应该经常清洗，保持清洁，足部保持干爽。

有时，一些简单的细节和方法，即可预防黑指甲：

如果鞋子太宽，你可以尝试"Z"形的绑鞋带方式。一般情况下，很多人的鞋带是绑成交叉形状，而我今天介绍的绑鞋带方式是绑成"Z"形状，如图25-8所示。

图25-8　"Z"形的绑鞋带方式

把鞋带编织成"Z"形状，需要拿住鞋带的一端，从一侧顶部的前小孔开始，一直以"Z"形交叉向下系，然后回到另一侧的顶部小孔。这样子绑鞋带可以拉起鞋面，减轻脚趾的压力。

如果鞋子太窄或太短，不要犹豫了，换一双吧。

跑步岔气了，该如何调整？

跑步看似一项简单的运动，但如想把它做好，却离不开科学的方法和指导。仅是跑步岔气引起的疼痛就足以毁掉你当前的整个跑步计划。下面，我们来了解跑步岔气的原因和解决方法。

跑步时发生岔气一般有以下原因：

①跑前热身做得不够充分，导致身体没有做好跑步的准备。因为开始剧烈运动后，肌肉迅速地进入紧张状态，但是如果肺部等内脏器官的惰性较大，未能及时给活动量增大的呼吸肌输送充足的养料和氧气，使得呼吸肌产生紧张而痉挛。

②呼吸方式出现问题。跑步时，身体的需氧量大增，但是跑者的呼吸方法不对，也会导致呼吸肌的紧张而痉挛。

③如果是长期没有参加体育锻炼的初跑者，或者跑步时出现脱水、电解质缺乏等情况，或者在冬天跑步时直接用嘴吸气，也有可能导致呼吸肌发生痉挛。

综合以上原因，如果在跑步过程中出现岔气，你可以通过放慢跑步速度、改变呼吸方式、及时补充水分等方法缓解岔气疼痛。

改变呼吸方式，进行腹式呼吸的目的是放松呼吸肌，缓解岔气疼痛。腹式呼吸可以让肌肉获得更多的氧气，让呼吸肌放松下来，缓解疼痛。如何练习腹式呼吸可参考本书的第二部分的第四章。

另外，进行腹式呼吸时，可以尝试"鼻子吸气，嘴巴呼气"的呼吸方法，如图25-9。呼气时，如同用吸管呼气时一样，把嘴巴张成"O"形，让气流从嘴中流出。这样的呼吸方式可以最大限度地保证每一口空气在肺脏循环的时间和氧气废气循环的时间，有助于确保身体获得充足的氧气，有助于呼吸肌放松下来，缓解疼痛。

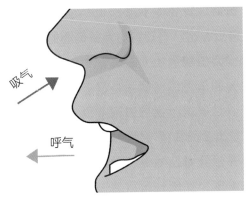

图25-9 "鼻子吸气，嘴巴呼气"的呼吸方法

另外，如何在跑步中合理补充水分的内容，可以参考本书的第二部分的第八章。

第二十六章
运动损伤后，我何时能够重返跑道？

运动损伤后，我还能不能跑步？运动损伤后，我什么时候才能够重新跑步？这是运动损伤者最关心的问题。

如同一个大病初愈的人，医生一般会建议他放松心情，不要给自己太大的压力，别勉强自己干一些重活累活，先把身子养好了再说。对于运动损伤的跑者也一样。虽然跑者已经进行了科学的运动康复或其他治疗，运动损伤也得到了较好的康复，但是在没有开始针对性的专项训练之前，我是不建议运动损伤者立马重返跑道，开始长距离的慢跑或者跑步赛事的。这主要是因为以下两点：

一方面，经过适当的休息和康复处理，损伤处的肌肉、肌腱、关节、骨骼等组织会产生一些新生的组织，这些新生组织如同一个新生儿，非常脆弱。它们需要循序渐进地接受一系列的专项训练，慢慢把自己"打磨"得更加强壮，并逐渐能承受越来越大的运动负荷。

另一方面，运动损伤会影响跑者的本体感觉下降。人体的本体感觉是指肌肉、肌腱、关节等运动器官在静止或运动时产生的感觉。例如，人在闭眼时能感知到身体各部位的位置。本体感觉的下降，会直接影响跑者的身体平衡感和关节的控制能力。例如，跑步时，在跑者跳跃的过程和脚掌落地的瞬间，良好的身体平衡感和膝盖控制能力可以避免膝关节损伤。一旦本体感觉下降，跑者的身体平衡感失调，膝关节的控制能力差，随之而来的可能就是再次损伤了。Saragiotto 等科学家回顾研究分析了 4671 名跑者的信息，发现过去 12 个月内有过伤病史的跑者，再次损伤的风险会更高。所以，在康复后期，跑者欲恢复正常的跑量并预防再次损伤，需要通过特定的功能训练，提高身体平衡能力和关节的控制能力。

如何判断能否跑步？

在跑步损伤后，你该如何判断自己能否跑步呢？这里有两个方法可供跑者参考。

方法一：通过主观感受来判断能否进行跑步。

方法二：通过客观测试肌肉的力量与柔韧性、身体的核心稳定性来判断能否跑步。

主观评估方法

这主要依靠自己主观感受进行判断，是一种十分简便的方法。

①损伤部位的症状如疼痛基本消失；

②损伤部分的症状如疼痛不会在步行、跳跃、上下楼梯时出现或加重。

客观评估方法

①与未受伤侧肌肉对比，损伤部位肌肉伸展的幅度和力量的强度差距相当。

②在短时间3分钟内的慢跑中，损伤部位的肌肉不会出现疼痛。

③检测肌肉的力量与柔韧性、核心稳定。通常包括：

检测上下肢的力量。

检测下肢的柔韧性。

检测身体的核心稳定性。

如何检测上肢的肌肉力量？

上肢的肌肉力量可以通过俯卧撑运动进行检测，如图26-1所示。

图26-1　俯卧撑运动

跑者俯卧，双手用力支撑起身体，两腿向后伸直，保持腰背挺直。在屈肘和伸肘时，保持身体稳定不晃动。

测试标准：女跑者可连续练习10个俯卧撑，男跑者可连续练习20个俯卧撑。

如果在练习的过程中出现疼痛，或者身体无法保持稳定，或者无法完成练习，那可能是你的上肢力量不足。那么你可以参考本书的第三部分第三章内容进行上臂的力量训练。

如何检测下肢的肌肉力量？

检测下肢肌肉力量的方法，如图26-2至图26-7所示。

（1）单足站立试验

图 26-2　单足站立试验

测试动作要点：站立位，左脚抬高，观察骨盆的状态。

在正常情况下，单脚站立时，臀部肌肉收缩，对侧骨盆抬起，才能保持身体平衡。如果站立的一侧臀部肌肉无力，对侧骨盆不但不能抬起，反而下降，为单足站立试验阳性，即臀部肌肉力量不足，须加入臀部力量强化训练。

（2）蛙形伸展运动

图 26-3　蛙形伸展运动

测试动作要点：

侧卧收腹，手臂枕于头下；

大腿与身体呈 135 度，膝盖弯曲 90 度；

缓慢抬起上面腿的膝盖，保持踝关节并拢 （呈蛙形）；

返回起始位置，换一边腿重复动作。

测试标准：能够连续完成 2 组，每组左右各 10 次。

若无法完成，或运动后十分疲劳，说明臀部力量不足，那么你可以加入臀部肌肉的力量训练。

腿部前侧力量测试

单腿下蹲

图 26-4　单腿下蹲

测试动作要点：站立，左脚抬起，保持上半身挺直，身体下蹲，然后返回原始位置。

测试标准：能够连续完成 2 组，每组左右各 20 次。

若无法完成，或运动后十分疲劳，那么说明大腿前侧肌肉的力量不足，那么你可以加入大腿前侧肌肉的力量训练。

大腿后侧力量测试

图 26-5　大腿后侧力量测试

测试动作要点：

俯卧位，左腿脚踝绑上弹力带，左脚向臀部弯曲到 90 度以上，返回原始位置。

测试标准：能够连续完成 2 组，每组左右各 20 次。

若无法完成，或运动后十分疲劳，那么说明大腿后侧肌肉的力量不足，那么你可以加入大腿后侧肌肉的力量训练。

小腿后侧力量测试

单腿抬高

图 26-6　单腿抬高

测试动作要点：站立位，上半身保持挺直，右脚抬高，左脚踮起脚尖，返回原始位置。

测试标准：能够连续完成 2 组，每组左右各 10 次。

若无法完成，或运动后十分疲劳，那么说明小腿后侧肌肉的力量不足，那么你可以加入小腿后侧肌肉的力量训练。

单腿跳跃

↑向上跳跃

图 26-7　单腿跳跃

测试动作要点：

站立，上半身保持挺直，左脚抬高，右脚向上进行连续的跳跃动作，返回原始位置。

测试标准：能够连续完成 2 组，每组左右各 20 次。

若无法完成，或运动后十分疲劳，说明整个下肢力量均有欠缺。

如何检测下肢的柔韧性？

检测下肢的柔韧性，主要检测小腿肌肉、大腿前侧肌肉、大腿后侧肌肉、大腿侧面肌肉等的柔韧性，如图 26-8 至图 26-11 所示。

检测小腿肌肉的柔韧性

准备一把尺子，请朋友或家人帮忙测量。跑者脱鞋，双脚前后站立在墙壁前面，被测试腿在前，并保持大脚趾与墙壁的距离为 6 厘米。此时，慢慢弯曲膝关节，注意足跟的位置，如果足跟能保持贴近地面，那么可逐渐往后移动被测试腿，直至足跟开始离开地面之前停下，并测量此时被测试腿大脚趾到墙壁的距离，如图 26-8 所示。

注意：检测时，被测试腿的膝盖、臀部、第二个脚趾，皆要正对着墙壁，三者与墙壁之间呈水平直线方向。表 26-1 是小腿肌肉柔韧性的测试结果说明。

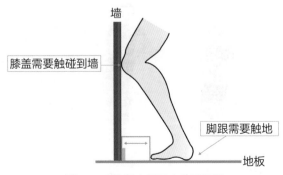

图 26-8　检测小腿肌肉的柔韧性

表 26-1　小腿肌肉柔韧性的测试结果说明　　　（单位：厘米）

过度僵硬	紧张僵硬	正常范围	过度柔软
＜ 6	6 ～ 9	10 ～ 12	＞ 12

如果测量结果小于 9 厘米，即说明你的小腿肌肉柔韧性比较差，那么你需要增加一些小腿肌肉的柔韧性锻炼，详见第三部分的第十三章。如果测量结果是 10 ～ 12 厘米，那么表示你小腿肌肉的柔韧性是比较好的。如果超过 12 厘米，那么你的脚踝稳定性可能不太好。

检测大腿后侧肌肉的柔韧性

跑者直接躺在地上，双脚屈膝 90 度，脚掌平放在地面。然后双手抱起一侧大腿，使大腿与地面呈 90 度，同时保持臀部不要离开地面，并尽量使膝关节伸直，如图 26-9 所示。

测试结果说明：记录小腿与地面的夹角。如果无法完全伸直或者伸直过程中出现疼痛，说明大腿后侧肌肉腘绳肌较为僵硬，可能需要增加腘绳肌的拉伸训练，详细的训练方法介绍详见第三部分的第十三章。

图 26-9　大腿后侧肌肉的柔韧性测试

测试大腿前侧肌肉的柔韧性

如图 26-10 所示，俯卧位，身体自然放松，在保证腹部与大腿前侧贴紧地面的同时，尽量使脚跟贴近臀部，测量脚跟与臀部的距离。如果该距离小于 5 厘米，则说明股四头肌柔韧性不错，反之则需要增加股四头肌柔韧性训练。

注意：在测试过程中，如果腹部与大腿前侧离开地面，那么得出的数据是不准确的。因为这属于为了使得脚跟贴近臀部，身体自然做出的代偿动作。

图 26-10　大腿前侧肌肉的柔韧性测试

测试髂胫束的柔韧性

侧躺在桌子或床的边缘，屈膝，一手用力扶住下方的膝关节，上方的腿屈膝向后伸，并慢慢往桌子水平线及以下靠近，如图 26-11 所示。如果你无法完成，就说明你的髂胫束太紧张，需要增加髂胫束的拉伸训练，髂胫束的拉伸训练详见第二部分的第六章。

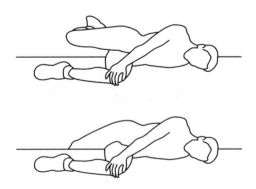

图 26-11　髂胫束的柔韧性测试

268

③检测关节稳定性

检测关节稳定性的方法有以下三个，如图26-12至图26-14所示。

关节屈肌耐力测试：坐位，双腿弯曲成90度，上半身保持挺直，双手交叉放于胸前，上半身与地面成60度，维持这个动作，如图26-12所示。

测试标准：保持稳定至1分钟。

图 26-12　屈肌耐力测试

伸肌耐力测试：俯卧在床上，脸朝下，上半身悬空，双手交叉放于后脑勺，维持这个动作，如图26-13所示。

测试标准：保持稳定至1分钟。

图 26-13　伸肌耐力测试

侧平板支撑：侧躺在垫子上，用手肘撑起上半身，单脚蹬地，收紧腹部和臀部，拱起胯部，身体离开地面并保持伸直。如图26-14所示。

测试标准：保持稳定至 1 分钟。

图 26-14　侧平板支撑

通过以上测试，可以评估和判断自己的肢体力量、肌肉柔韧性和身体的核心稳定性，找出自己的薄弱部分。然后你可以参照第三部分的防伤训练内容进行相应的训练，以提高自己比较薄弱的环节。

跑前功能性训练

功能性训练，主要是为了加强在跑步中需要用到的特定肌肉，包括但不限于股四头肌、腘绳肌、臀肌和小腿后侧肌群。在跑前开展功能性训练，将有助于提高跑者身体承受运动压力的能力，创造更有效和运动强度更大的运动模式，并逐渐改善身体的不平衡状态，以降低再次损伤的风险。

适合跑前的功能性训练有：高抬腿、双腿向前跳、双腿左右跳、单腿向上跳、单腿左右跳、单腿 Z 形跳，详细的动作描述请看第三部分内容，动作如图 26-15 至图 26-20 所示。

高抬腿

图 26-15　高抬腿

双腿向前跳

跳跃

图 26-16　双腿向前跳

双腿左右跳

双腿左右跳

图 26-17　双腿左右跳

单腿向上跳

图 26-18　单脚向上跳

单腿左右跳

图 26-19　单腿左右跳

单腿 Z 形跳

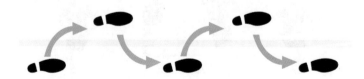

图 26-20　单腿 Z 形跳

恢复性跑步计划

在进行了跑前的功能性训练之后，你可以加入恢复性的跑步计划，慢慢过渡并重返跑道。一般情况下，为了预防再次损伤，无论是接下来的恢复性跑步计划，还是在以后的跑步计划都需要遵循以下原则：

①遵循 10% 原则。在这个跑步计划中，你在本周增加的跑步里程和跑步时间不要超过上周的 10%；如想增加跑步时间，那么你应该先增加跑步的强度，而且增加的强度不应超过上周的 10%；如想增加跑步次数，那么你应该同时缩短单次的跑步时间，并且缩短单次的跑步时间不应少于以往的 10%。

②记得定期更换跑鞋。一般情况下，当你积累了 724 ~ 885 千米的里程之后，跑鞋已经很难给脚部提供足够的缓冲力，这时，你应该及时更换跑鞋。

③注意跑道的舒适性。推荐在较为柔软的跑道上跑步，如草地和橡胶跑道，尽量避免在坚硬的跑道上跑步，如水泥地。

④注重交叉训练。尤其是如果你每周会有超过 2 天的时间跑步，更加要注重交叉训练。

⑤设定休息日，每周保持适当的休息时间。例如，每周跑步 3 天，休息 4 天。

⑥无论在跑步日还是休息日，都应该注重饮食合理，确保自己摄入的营养均衡。至于跑者该如何吃喝，可参考第二部分的内容。

⑦注重体重管理。因为较大的体重对关节的压力大，如果是体重较大者，应该适当减肥。

⑧注重跑前热身，跑后拉伸。具体的热身和拉伸内容可参考本书的第二部分。

具体计划

按照循序渐进的原则，我们把恢复性跑步计划分成三个阶段。

阶段一：快步走

为了保持一定的步行速度，你可以在跑步机上设定每小时6.4～8千米的速度，在跑步机上开始快速行走练习。

在开始阶段二之前，你可以从快步行走5分钟开始，然后慢慢增加快步行走的时间至10分钟。

阶段二：边走边跳

跑步的过程中，跑者会有跳跃的动作，而跳跃动作对关节的冲击力较大。为了让关节循序渐进地适应跳跃动作产生的冲击力，我们应在阶段二加入边走边跳的练习。

一般情况下，行走1.6千米可能会有2600步，每个脚大约会有1300步。现在，我们在行走1.6千米时加入跳跃运动，具体的跳跃频率如下：

双腿原地跳，6组，每组30步，共180步；

双腿前后跳，6组，每组30步，共180步；

双腿左右跳，6组，每组30步，共180步；

单腿原地跳，6组，每组20步，共120步；

单腿前后跳，6组，每组20步，共120步；

单腿左右跳，6组，每组20步，共120步；

单腿Z形跳，7组，每组5步，共35步。

注意，每组跳完之后，休息 90 秒，每组 3 分钟。具体的动作示意图请参考跑前的功能性训练，如图 26-16 至图 26-20 所示。

当你在练习阶段一和阶段二的时候不会引起疼痛，并成功完成这两个阶段练习，而且在日常活动中也不会引起疼痛症状的时候，那么你加入阶段三的练习。

阶段三：步行 + 慢跑

阶段三的练习，主要采取步行几分钟后，慢慢提高步行速度后开始慢跑几分钟的模式。主要分以下 5 步：

第一步：步行 5 分钟，慢跑 1 分钟，以这样的频率持续练习 30 分钟。

第二步：步行 4 分钟，慢跑 2 分钟，并以这样的频率持续练习 30 分钟。

第三步：步行 3 分钟，慢跑 3 分钟，并以这样的频率持续练习 30 分钟。

第四步：步行 2 分钟，慢跑 4 分钟，并以这样的频率持续练习 30 分钟。

第五步：每隔一天慢跑一次，以慢跑 30 分钟为目标。你可以从 5 分钟开始慢跑，并慢慢增加时间，直至可以一次慢跑 30 分钟为止。

当你在练习阶段一至三的时候不会引起疼痛，并成功完成这三个阶段练习，而且在日常活动中也不会引起疼痛症状的时候，那么你加入阶段四的练习。

阶段四：定时的跑步计划

在此阶段，你可以每隔一天加入相应的跑步训练，然后逐步增加跑步的强度和时间。具体的跑步计划如表 26-2 所示。

表 26-2　定时的跑步计划表

时间	周一	周二	周三	周四	周五	周六	周日
第 1 周	30 分		30 分		30 分		35 分
第 2 周		30 分		30 分		32 分	
第 3 周	30 分		30 分		35 分		35 分
第 4 周		35 分		40 分		35 分	

恢复中出现疼痛加重该如何处理

在跑步训练过程中，不同时期的疼痛可能警示着不同的问题，我们可以从以下三个时间段分别处理。

①跑步时出现疼痛。

如果是跑步时出现疼痛，并伴随着紧绷感，那么你应该及时暂停跑步训练，并针对紧绷部位进行伸展运动。注意，至少伸展 3～5 次，每次持续 30 秒。如果疼痛和紧绷感在休息 10 分钟后消失，那么你可以继续跑步训练。但是如果疼痛没有消失，或者有加剧的迹象，那么你应该停止跑步训练。如果疼痛持续，那么你把当前的训练强度降低至前一阶段。

②跑步后疼痛。

如果是跑步后出现疼痛，你可以适当冰敷疼痛位置。如果出现全身性的肌肉疲劳和酸痛，那么你可以在充分休息后的第二天继续跑步训练。但如果是关节或者肌肉等部位出现肿胀，那么你应该暂停跑步运动，并且把训练强度下降至前一阶段。

③晚上疼痛。

如果你在晚上出现疼痛，或者在睡梦中被痛醒，那么你可能正在进行过度训练。这时，应该及时停止跑步训练计划，并休息至疼痛消失为止。当疼痛消失，可以恢复前一阶段的跑步训练。

另外，如果在恢复性跑步训练的过程中，出现疼痛或者疼痛加重等情况，你可以按照以下的规则进行处理。

①如果你的肌肉或关节出现疼痛和肿胀，并且这些症状在经过科学处理后仍然持续超过 72 小时，那说明你过度训练了，你应该减少训练的时间并增加休息的时间。

②试着找出疼痛的确切位置。如果疼痛总是在同一个位置，那么你应该减少训练时间，增加休息时间。如果疼痛会移动，那么你可以继续跑步，但是不要增加跑步的强度。

③如果疼痛度加重了，那么你应该暂停训练，及时休息，直至疼痛消失后再开始训练，并将训练降低至前一阶段。

综上所述，也就是意味着当你出现以下疼痛症状，你应该暂停训练：

①痛得睡不着；

②随着跑步或行走，疼痛症状会加剧；

③疼痛让你行走困难。

总结

预防比康复更重要

虽然现在的医学是比较发达，在肌肉骨骼方面的研究也比较先进，目前的康复医学更是降低了运动损伤者吃药、动手术的概率。但是康复过程中，伤者的医疗成本和时间成本是比较大的。你试着想想，如果你发生了比较严重的运动损伤，可能要连续几个月不跑步，可能还会行走不便，然后辞职在家休养，赚钱养家的压力就落在了另一半的肩膀上。这时，疼痛、烦躁、经济困难等问题就随之而来。

跑步损伤之后，损伤部位的新生组织非常脆弱，这可能会增加该部位发生二次损伤的风险。所以，预防跑步损伤比康复更加重要。我在本书的前三部分也详细介绍了科学预防跑步损伤的方法。在第一部分，你可以通过跑步损伤的风险预测问卷评估自己的损伤风险。在第二部分，你可以学习如何跑不伤身的科学跑步方法。例如，科学的跑步姿势、高效呼吸方法、如何正确跑前热身，跑后拉伸、如何辨识跑步损伤前的健康信号，等等。在第三部分，你可以从柔韧性、耐力、核心稳定性、上下肢力量、本体感觉等方面来学习科学的防伤训练，提高自己各部位的机能，全力预防跑步损伤。

俗话说，三分治疗七分养。这个"养"指的就是预防措施。预防措施做得好，直接把运动损伤拒绝在身体之外，才能实现越跑越健康、越跑越快乐的目标和梦想。

参考文献

[1] L Of, A., Hauser, R. and E Dolan, E., 2018. Ligament Injury and Healing: An Overview of Current Clinical Concepts.

[2] Jarvinen, M.J. and Lehto, M.U., 1993. The effects of early mobilisation and immobilisation on the healing process following muscle injuries. Sports Med, 15(2): 78-89.

[3] Jarvinen, T.A., Jarvinen, T.L., Kaariainen, M., Kalimo, H. and Jarvinen, M.J.A.J.S.M., 2005. Muscle injuries: biology and treatment. 33.

[4] Laumonier, T. and Menetrey, J.J.J.O.E.O., 2016. Muscle injuries and strategies for improving their repair. 3(1): 15.

[5] Askling, C.M., Malliaropoulos, N. and Karlsson, J., 2012. High-speed running type or stretching-type of hamstring injuries makes a difference to treatment and prognosis. 46(2): 86-87.

[6] Tenforde, A.S., Kraus, E. and Fredericson, M., 2016. Bone Stress Injuries in Runners. Phys Med Rehabil Clin N Am, 27(1): 139-149.

[7] Burrows, M., Nevill, A.M., Bird, S. and Simpson, D., 2003. Physiological

科学跑步 跑步损伤的预防与康复指南

factors associated with low bone mineral density in female endurance runners. 37(1): 67-71.

[8] Patel, D.S., Roth, M. and Kapil, N., 2011. Stress fractures: diagnosis, treatment, and prevention. Am Fam Physician, 83(1): 39-46.

[9] Boissonnault, WG, and Goodman, CC: Bone, joint, and soft tissue disorders. In Goodman, CC, Fuller, KS, and Boissonnault, WG (eds): Pathology: Implications for the Physical Therapist, ed. 2. Philadelphia: WB Saunders, 2003, p 929.

第三部分
跑步防伤训练

第四部分
跑伤了怎么办